ତନ୍ମୟ ଧୂଳି

ସାହିତ୍ୟ ଅକାଦେମୀ ପୁରସ୍କାର ପ୍ରାପ୍ତ କବିତା ପୁସ୍ତକ

ତନ୍ମୟ ଧୂଳି

ସାହିତ୍ୟ ଅକାଦେମୀ ପୁରସ୍କାର ପ୍ରାପ୍ତ କବିତା ପୁସ୍ତକ

ପ୍ରତିଭା ଶତପଥୀ

ବ୍ଲାକ୍ ଇଗଲ୍ ବୁକ୍ସ
ଭୁବନେଶ୍ୱର, ଓଡ଼ିଶା
BLACK EAGLE BOOKS
Dublin, USA

ତନ୍ମୟ ଧୂଳି / ପ୍ରତିଭା ଶତପଥୀ

ବ୍ଲାକ୍ ଈଗଲ୍ ବୁକ୍ସ : ଭୁବନେଶ୍ୱର, ଓଡ଼ିଶା ● ଡବ୍‌ଲିନ୍, ଯୁକ୍ତରାଷ୍ଟ୍ର ଆମେରିକା

BLACK EAGLE BOOKS

USA address:
7464 Wisdom Lane
Dublin, OH 43016

India address:
E/312, Trident Galaxy, Kalinga Nagar,
Bhubaneswar-751003, Odisha, India

E-mail: info@blackeaglebooks.org
Website: www.blackeaglebooks.org

First International Edition Published by
BLACK EAGLE BOOKS, 2024

TANMAYA DHULI
by **Pratibha Satpathy**

Copyright © **Pratibha Satpathy**

All rights reserved. No part of this publication may be reproduced, stored in a retrieval system, or transmitted, in any form or by any means, electronic, mechanical, photocopying, recording or otherwise without the prior permission of the publisher.

Cover & Interior Design: Ezy's Publication

ISBN- 978-1-64560-510-2 (Paperback)

Printed in the United States of America

ଆନ୍ତରିକ ଶ୍ରଦ୍ଧା ଓ ଶୁଭେଚ୍ଛା ଓ ଧନ୍ୟବାଦ
କବି, ଅନୁବାଦକ, ସଂପାଦକ, ପ୍ରକାଶକ
ସତ୍ୟ ପଟ୍ଟନାୟକଙ୍କୁ –

ଯାହାଙ୍କର ଅନ୍ତରଂଗ ଆଗ୍ରହ
ବ୍ୟତୀତ ଏ ପୁସ୍ତକର ପ୍ରକାଶନ
ସମ୍ଭବହୋଇ ନ ଥାନ୍ତା ।

ପ୍ରତିଭା ଶତପଥୀ

ଧୂଳି ତନ୍ମୟ : କବି ପ୍ରତିଭା ଶତପଥୀ

ପ୍ରଫେସର ଦାଶରଥି ଦାସ

(ଏକ)

ଧୂଳିକଣା ପକ୍ଷରେ କ'ଣ ନକ୍ଷତ୍ର ପର୍ଯ୍ୟନ୍ତ ପହଞ୍ଚିବା ସମ୍ଭବ ? ଅସମ୍ଭବ ନିଶ୍ଚୟ । ତେବେ କ'ଣ ଚେଷ୍ଟା କରାଯିବ ? ତାହାହିଁ ସଂଗତ । ମଣିଷ ପ୍ରେମରେ ଅସଂପୂର୍ଣ୍ଣ, ସିଦ୍ଧାନ୍ତ ଘେନିବାରେ ଅନିଶ୍ଚିତ ଆଉ ମୃତ୍ୟୁ ସମ୍ମୁଖରେ ବଡ଼ ଅସହାୟ; ତଥାପି ସେହି ଅସମର୍ଥ ଜୀବନ ଘେନି କବି ଗାଲିବଙ୍କର ସେହି ସଂଗତ କାର୍ଯ୍ୟଟିକୁ ସେ କରି ଚାଲିଥାଏ ଚିରକାଳ, ସୂର୍ଯ୍ୟାଭିସରଣରେ ସମୁଦ୍ୟତ କରିଥାଏ ନିରନ୍ତର । ବ୍ୟର୍ଥତା ଅବଶ୍ୟ ଅମୋଘ । ତେବେ ଯାହାକୁ ଆମେ ବ୍ୟର୍ଥତା କହୁଛେ ତହିଁର ଅପର ପ୍ରାନ୍ତରେ ବିଦ୍ୟମାନ ରହିଛି ପରମ ସାର୍ଥକତା, ଶୂନ୍ୟର ଅପର ପ୍ରାନ୍ତରେ ବର୍ତ୍ତମାନ ଅଖଣ୍ଡ ପୂର୍ଣ୍ଣତା, ବ୍ୟବଧାନ ଅସେତୁ ସମ୍ଭବ । ବିରହ ଅବସ୍ଥା ହିଁ ତେଣୁ ଚୈତନ୍ୟ ପୀଡ଼ିତ ମଣିଷର ବଂଚିବାର ଏକମାତ୍ର ସର୍ତ୍ତ ଓ ପାଥେୟ । ପ୍ରେମରେ ଉତ୍ତୀର୍ଣ୍ଣତା, ମିଳନରେ ଚରିତାର୍ଥତା - ଯାହା ସର୍ବଦା ଅନୁପସ୍ଥିତ । ଭଲ କବିଏ ତେଣୁ ଅମୃତର ଆକାଂକ୍ଷା ଓ ସଂଧାନ ଘେନି କବିତା ଲେଖିଥାନ୍ତି । ଯାହା ଅଲବ୍ଧ ଓ ଅପ୍ରାପଣୀୟ ତାହାରି ପାଇଁ ଶେଷକଥା । ବିରହ ଦୁଃଖ ମୂଲ୍ୟବାନ । କବିତାର ବିଶେଷତ୍ୱ ଏଇଠି, ମୂଲ୍ୟ ବି । କବିତା ମୂଲ୍ୟବାନ କେବଳ କବିତା ବୋଲି ନୁହେଁ, ତାହା ଚୈତନ୍ୟର ପ୍ରସୂନ ବୋଲି ମୂଲ୍ୟବାନ । ଆଉ ଚୈତନ୍ୟ ମାନେ ଆଧ୍ୟାତ୍ମିକ । କବି ପ୍ରତିଭା ଶତପଥୀ କବିତାରେ ସେହି ଅମୃତ ସଂଧାନରେ ଅଭିସରଣ ସମୁତ୍ସୁକ । ତାଙ୍କ କବିତାକୁ ତେଣୁ ଅଧ୍ୟାତ୍ମ ଭାବନାରୁ ବିଚ୍ଛିନ୍ନ କରି ଦେଖି ହୁଏ ନାହିଁ । ସେ କବିତା ଲେଖନ୍ତି ଅଧ୍ୟାତ୍ମ ଐତିହ୍ୟର ଉତ୍ତରାଧିକାର ଘେନି । ସେଇଥିପାଇଁ ତାଙ୍କ 'ଶବରୀ', 'ତନ୍ମୟଧୂଳି' ଓ 'ଅଧା ଅଧା ନକ୍ଷତ୍ର' ପରି କବିତା ସଙ୍କଳନର ରଚନା । ଶେଷ ପର୍ଯ୍ୟନ୍ତ କବିତା ମାତ୍ର ହୋଇ ରହନ୍ତି ନାହିଁ, ହୋଇ ଉଠନ୍ତି ଦିବ୍ୟ ଅଭିସରଣର ନୂଆ ଇତିହାସ । ଏଗୁଡ଼ିକର ଅଧିକାଂଶ ରଚନା ପରସ୍ପର ସଂପୃକ୍ତ; ଗୋଟିଏ ପ୍ରେରଣା ଓ ମନୋଭାବ ସଂଜାତ । ସଂକଳନ ତିନୋଟି; କିନ୍ତୁ ଅଖଣ୍ଡ ଗୋଟିଏ କାବ୍ୟ-

ଶୈଳୀ ଓ ବକ୍ତବ୍ୟରେ ପ୍ରାୟ ଅଭିନ୍ନ। ପରସ୍ପର ପରିପୂରକ ଓ ସମର୍ଥକ। ପ୍ରଥମ ପର୍ଯ୍ୟାୟରେ ଅଭିସରଣ ନ ଥିଲା, ଥିଲା ପ୍ରତୀକ୍ଷା, ନମ୍ରତା - ଏତିକି ଯାହା ପାର୍ଥକ୍ୟ। ପ୍ରତିଭା ଦେବୀଙ୍କ କବିତା ପ୍ରକାଶ ରୀତିରେ ଇମେଜିଷ୍ଟ (imagist) ନିଶ୍ଚୟ କିନ୍ତୁ ବକ୍ତବ୍ୟ ଦୃଷ୍ଟିରୁ ଆମ ଅଧ୍ୟାତ୍ମ-ଐତିହ୍ୟର ମୂଳାଶ୍ରୟୀ। ତେବେ କ'ଣ କବିତାରେ ନୂଆ କିଛି କୁହାଯାଏ ନାହିଁ? ନୂଆ କିଛି ଆବିଷ୍କାର କରାଯାଏ ନାହିଁ? ଯେଉଁ ବକ୍ତବ୍ୟ ଘେନି କବିତାର କାରବାର ତାହା ପୁରୁଣା କାଳର? ପ୍ରକୃତରେ ଭଲ କବିତାର ସତ୍ୟ ହଜାର ହଜାର ବର୍ଷତଳେ ଯାହାଥିଲା, ଆଜି ତାହା ଅଛି। ଜନ୍ମ ମୃତ୍ୟୁ, ନିୟତି ପ୍ରକୃତି, ବିରହ ମିଳନ, ପ୍ରେମ ଅପ୍ରେମ, ଈଶ୍ୱର ମୁଗ୍ଧତା ଓ ଈଶ୍ୱର ବିଦ୍ୱେଷଣ - ଏସବୁ ଘେନି ଅନ୍ତହୀନ ଆଦିହୀନ ବିଶ୍ୱ ପ୍ରବାହତା ସବୁଦିନେ ସତ୍ୟ ଓ ସାର୍ଥକ; ସୁନ୍ଦର ଓ କଲ୍ୟାଣମୟ, ପୂର୍ଣ୍ଣ ବି। କାଳେ କାଳେ ମଣିଷ ସମାଜ ବଦଳିଛି, କେବେ ଭୂମିକଂପ ଘଟି ଯାଇଛି ମଣିଷର ଜ୍ଞାନ ଓ ଅନୁଭବର ପୃଥିବୀରେ; କିନ୍ତୁ ମଣିଷର ଅମର୍ତ୍ତ୍ୟ ଆକୁଳତା ସେମିତି ଅକ୍ଷୁଣ୍ଣ ଓ ଅତୃପ୍ତ ଅଛି। କବିଏ ସେଦିନର ସେହି ଚିର ପୁରାତନକୁ ନିତ୍ୟନୂତନ ଭାବରେ ଅନୁଭବ କରନ୍ତି ଓ ଅପରର ଅନୁଭୂତିକୁ ନୂଆ କରି ଉଦ୍ରେକ କରିଥାନ୍ତି। ଯେଉଁମାନେ ପଢ଼ନ୍ତି ସେମାନଙ୍କର ତାହା ହୁଏ ପୁରାତନ ଅଥଚ ନୂତନ ଅନୁଭୂତି। କବିତାର ଇତିହାସ ତେଣୁ ହୁଏ ଟେକ୍‌ନିକ୍‌ର ଇତିହାସ। ଗତ ଶତାବ୍ଦୀରେ T.E. Hulme କହିଛନ୍ତି, "Those arts like poetry, whose matter was immortal, must find a new technique each generation. Each age must have its own special form of expression and any period that deliberately goes out of it is an age of insincerity." କବି ପ୍ରତିଭା ଶତପଥୀ ନିଜ ସମୟର ନୂଆ ଟେକ୍‌ନିକ୍ ସମ୍ବନ୍ଧରେ ବଡ଼ ସଚେତନ। ସେ ଧର୍ମୀୟ ଐତିହ୍ୟରୁ କବିତାର ମନ୍ତ୍ର ଲାଭ କରନ୍ତି, ଉପନିଷଦୀୟ ଆତ୍ମସାଧନରୁ ପ୍ରେରଣା ପାଆନ୍ତି, କିନ୍ତୁ ଅଧ୍ୟାତ୍ମ ଭାବନା ତାଙ୍କର ନିଜସ୍ୱ, ରଚନା ଶୈଳୀ ସମକାଳୀନ ଚିତ୍ରକଳ୍ପଭୂୟିଷ୍ଠ। ଯେ କେହି ତାଙ୍କ କବିତାରେ ଭାବବସ୍ତୁ (theme) ଅନ୍ତରାଳରୁ "ଦ୍ୱା ସୁପର୍ଣ୍ଣା ସଯୁଜା ସଖାୟାଃ" - ଶ୍ଳୋକଟିକୁ ଉଙ୍କି ରହିଥିବାର ଲକ୍ଷ୍ୟ କରି ପାରନ୍ତି। କିନ୍ତୁ କବିତାର ସର୍ବାସ୍ତିବାଦ ଓ ଆନଂଦ ଦର୍ଶନ କବି ଉପଲବ୍ଧି କରିଥାନ୍ତି ନିଜସ୍ୱ କଳ୍ପନା ଓ ଅନୁଭବରେ; ଆଉ ତାହାକୁ ରୂପାୟିତ କରିଥାନ୍ତି ଆଧୁନିକ କବିତାର ଉପଯୁକ୍ତ ଶୈଳୀରେ-ତାଙ୍କର ନୂଆ ଫର୍ମବୋଧ ଅବିସମ୍ବାଦିତ। କବିତାର ଅମର୍ତ୍ତ୍ୟ ଆକୂତି ଚିର ପୁରାତନ। କିନ୍ତୁ ଉପଲବ୍ଧି ନୂଆ, ଉପସ୍ଥାପନା ବି ନୂଆ ଓ ସମକାଳୀନ।

(ଦୁଇ)

ଅତୀତରେ ଆମ କୃଷିନିର୍ଭର ସମାଜରେ ଓଡ଼ିଆ ନାରୀଏ ତାଙ୍କ ସହଜାତ ପ୍ରତିଭାର ନମ୍ର ସ୍ୱାକ୍ଷର ଆଙ୍କି ଯାଇଛନ୍ତି କେବଳ ଲୋକଗୀତିକାରେ। ବିଦଗ୍ଧ କାବ୍ୟଚର୍ଚ୍ଚାରେ ସେହି ପ୍ରତିଭାର ସ୍ଫୁରଣ ଘଟିଚି କ୍ୱଚିତ। ଘଟି ନାହିଁ କହିଲେ ବରଂ ଠିକ୍ ହେବ। ଶିକ୍ଷାର ସୁଯୋଗ, ଆପେକ୍ଷିକ ଅର୍ଥସାମର୍ଥ୍ୟ, ମୁକ୍ତ ଚିନ୍ତାର ପରିବେଶ, ବ୍ୟକ୍ତି ସ୍ୱାତନ୍ତ୍ର୍ୟବୋଧ, ଆତ୍ମ ପ୍ରତ୍ୟୟ, ଆତ୍ମ ସମ୍ମାନ ସଚେତନତା ଜୀବନଯାତ୍ରାରେ ଆପେକ୍ଷିକ ସ୍ୱାଚ୍ଛନ୍ଦ୍ୟ, ଆତ୍ମପ୍ରକାଶର ଅବସର ତଥା ସନ୍ତାନଧାରଣ-ଜନନ-ଲାଳନ ଚକ୍ରରୁ ଅବ୍ୟାହତି - ଏହିସବୁ ଜାଗତିକ ଓ ସାଂସ୍କୃତିକ ତଥା ଆତ୍ମିକ ସୁଯୋଗ ସୁଲଭ ହେଲେ ନାରୀ ପ୍ରତିଭା ବିକଶିତ ହୋଇଥାଏ। ସ୍ୱାଧୀନତା ପ୍ରାପ୍ତିପରେ ଏହିସବୁ ସୁଯୋଗ କ୍ରମଶଃ ମିଳିଛି ଓଡ଼ିଆ ନାରୀକୁ, ସେମାନଙ୍କ ସାରସ୍ୱତ ପ୍ରତିଭା ପୁଷ୍ଟ ଓ ବଳିଷ୍ଠ ହୋଇଛି, ହୋଇଛି ବି ପରିସ୍ଫୁଟ। ବହୁ ସଂଖ୍ୟାରେ ନାରୀଏ ସାହିତ୍ୟ କ୍ଷେତ୍ରରେ ଅବତୀର୍ଣ୍ଣ ହୋଇଛନ୍ତି; ଗଳ୍ପ, କବିତା, ଉପନ୍ୟାସ ଓ ପ୍ରବନ୍ଧାଦି ରଚନା କ୍ଷେତ୍ରରେ ଯଥେଷ୍ଟ କୃତିତ୍ୱ ଅର୍ଜିଛନ୍ତି। ଉପଯୁକ୍ତ ସାମାଜିକ ସାଂସ୍କୃତିକ ପରିବେଶରେ ନାରୀର କବି ପ୍ରତିଭା କିପରି ସମୁଜ୍ଜ୍ୱଳ ହୋଇଉଠେ ତାହାର ପ୍ରତ୍ୟକ୍ଷ ସାକ୍ଷ୍ୟ ଆମର କବି ପ୍ରତିଭା ଶତପଥୀ। ୨୦୦୧ ବର୍ଷ ପାଇଁ ସେ ଦୁଇଟି ମର୍ଯ୍ୟାଦା ଜନକ ପୁରସ୍କାର ଲାଭ କରିଛନ୍ତି। କର୍ଣ୍ଣାଟକର ଏକ ଜାତୀୟ ଅନୁଷ୍ଠାନ ତରଫରୁ, ବାଙ୍ଗାଲୋରରେ N.S.K.V. Women's College କେବଳ ନାରୀମାନଙ୍କ ପାଇଁ ସର୍ବଭାରତୀୟ ସ୍ତରରେ ୧୯୮୬ରୁ ଶାଶ୍ୱତୀ ପୁରସ୍କାର ପ୍ରବର୍ତ୍ତନ କରିଛନ୍ତି ସାହିତ୍ୟପାଇଁ, ଯାହାର ପ୍ରତୀକ ହେଉଛି କାମଧେନୁ। ଏହାର କନ୍ନଡ଼ ନାମ ଏନ୍.ଏନ୍. ଥିରୁମଲାମ୍ବା ଜାତୀୟ ପୁରସ୍କାର। ପ୍ରତିଭା ଦେବୀ ସେହି ଦୁର୍ଲଭ ପୁରସ୍କାରଟି ଲାଭ କରିଛନ୍ତି - ଲାଭ କରିଛନ୍ତି ବି ସମ୍ମାନ ସୂଚକ କେନ୍ଦ୍ର ସାହିତ୍ୟ ଏକାଡେମୀ ପୁରସ୍କାର 'ତନ୍ମୟ ଧୂଳି' ରଚନା ଉପଲକ୍ଷେ। ପୂର୍ବରୁ ସେ ଓଡ଼ିଆ ସାହିତ୍ୟ ଏକାଡେମୀ ପୁରସ୍କାର ଓ ବିଶିଷ୍ଟ ସାରଳା ପୁରସ୍କାର ବି ପାଇଛନ୍ତି। ସ୍ୱଷ୍ଟ ପ୍ରକାଶ୍ୟତାର ବେଦୀ ଉପରେ ତାଙ୍କର ପ୍ରତିଷ୍ଠା ସମୁଜ୍ଜ୍ୱଳ। ଏହି ଉପଲକ୍ଷେ ତାଙ୍କୁ ଅଭିନନ୍ଦନ ଜଣାଇବାକୁ ତାଙ୍କ କବିତାର ବୈଶିଷ୍ଟ୍ୟ ଓ ମହତ୍ତ୍ୱ ଅନୁଧାବନ କରିବାକୁ ହୁଏ। ପ୍ରତିଷ୍ଠାକୁ ଅକ୍ଷୁଣ୍ଣ ରଖିବାର ଦାୟିତ୍ୱବୋଧ ହୁଏତ ଏବେ ତାଙ୍କ ପାଇଁ ନୂଆ ସଂକଟଟିଏ ସୃଷ୍ଟି କରିଥିବ; ସେହି ସଙ୍କଟ ସେ ଅତିକ୍ରମ କରିଯାନ୍ତୁ ଅବଲୀଳାକ୍ରମେ। ତାଙ୍କର ସବୁଠୁଁ ବଳି ସୁନ୍ଦର କବିତାଟିକୁ ସେ ଲେଖିବେ ଅଚିରେ।

(ତିନି)

ପ୍ରତିଭା ଦେବୀଙ୍କ ଶିଳ୍ପୀମନ ଧୀର ପଦକ୍ଷେପରେ କ୍ରମଶଃ ପରିଣତି ପଥରେ ଅଗ୍ରସର ହୋଇଛି । କୀଟସ୍‌ଙ୍କ ପରି କୌଣସି ଆକସ୍ମିକ ବିଦ୍ୟୁତ ଚମକ ତାହାଙ୍କ ଶିଳ୍ପାକାଶକୁ ଉଦ୍ଭାସିତ କରି ନାହିଁ । ଏବେ ତାଙ୍କ କବିତାର ଯେଉଁ ବୈଶିଷ୍ଟ୍ୟ ସର୍ବାଗ୍ରେ ମନୋଯୋଗୀ ପାଠକର ଆଖିରେ ପଡ଼ିଥାଏ ତାହା ହେଉଛି ବିଷୟ, ଶବ୍ଦ ଓ ପ୍ରକରଣରେ ପ୍ରତିଫଳିତ ରୁଚିର କୌଳୀନ୍ୟ, ବକ୍ତବ୍ୟରେ ଯଥାସମ୍ଭବ ଯୁଗଧର୍ମର ଅସ୍ୱୀକାର ଓ କବିତାର ଚିରାୟତ ପରମ ମୂଲ୍ୟରେ ବିଶ୍ୱାସ । ତାଙ୍କ ଭାବନାର ରଂଗ ଭଂଗୀ ଓ କଟାକ୍ଷ ତଥା ଭାଷାର ଚିତ୍ରକଳ୍ପ ଭୂୟିଷ୍ଠ ବିଚିତ୍ର ନାଟ୍ୟଲୀଳା କ୍ୱଚିତ ଏତେ ଚଞ୍ଚଳ ହୋଇ ଉଠିଥାଏ । କଣ୍ଠସ୍ୱର ବଡ଼ ମାର୍ମିକ । ତାଙ୍କ ପ୍ରତ୍ୟେକ କବିତାରେ ଅଛି ଲିରିକ୍‌ର ନୃତ୍ୟ ଯଦିଓ ଶେଷ ପର୍ଯ୍ୟାୟରେ ତାହା ବିଶୁଦ୍ଧ ଲିରିକ୍ ହୋଇ ରହିପାରେ ନାହିଁ । ସେଥିରେ କବିଙ୍କ ଲଳିତ ବ୍ୟକ୍ତିତ୍ୱ ପ୍ରକାଶ ପାଇବା ସହିତ ସର୍ବତ୍ର ଶୋଭା ପାଉଛି ହୃଦୟାବେଗକୁ ସଂଯତ କରି ପୂର୍ବ ପରିକଳ୍ପନାର ଇଙ୍ଗିତ କିଛିଟା ସଚେତନ ଜିଜ୍ଞାସା, ଔତ୍ସୁକ୍ୟ ଓ ମନନଶୀଳତା ତଥା ବ୍ୟକ୍ତି ପ୍ରୟାସ । ଲିରିକ୍ ପ୍ରତି କବିଙ୍କ ଅଙ୍ଗୀକାର ସାମୟିକ 'ମୁଁ'ରେ ପ୍ରକାଶ ପାଇଁ କେବଳ ଉନ୍ମୁଖ କରିନାହିଁ, ବରଂ ସେହି 'ମୁଁ'ର ଆବରଣକୁ ଅତିକ୍ରମ କରି ପ୍ରତି ମୁହୂର୍ତ୍ତରେ ମାନବ ଇତିହାସ, ପରମ୍ପରା ଓ ପରିବ୍ୟାପ୍ତ ପ୍ରକୃତି ପ୍ରତି ନିବେଦିତ ରହିଛି । ତେଣୁ ତାଙ୍କ ଲିରିକ୍ ଗୁଡ଼ିକରେ ବାରମ୍ବାର ଉଦ୍ଭାସି ଉଠିଛି ଭିନ୍ନ ଭିନ୍ନ ରଂଗ ଓ ଭିନ୍ନ ଭିନ୍ନ ଉପଲବ୍ଧିର ରେଖା । ସେଥିପାଇଁ କାବ୍ୟୋଚ୍ଚାରଣ କେବେ ସ୍ମୃତିମୟ ତ କେବେ ବ୍ୟଙ୍ଗବିଦ୍ଧ, କେବେ ପ୍ରେମାକୁଳ ତ କେବେ ପ୍ରତିସ୍ପର୍ଦ୍ଧା ଶାଣିତ, କେବେ ଆତ୍ମୋପଲବ୍ଧିରେ ମୁଗ୍ଧ ତ କେବେ କଠିନ ଶୂନ୍ୟତାବୋଧରେ ବିଷଣ୍ଣ । କାବ୍ୟୋଚିତ ବୈଦଗ୍ଧ୍ୟ ଓ ରୂପସୃଷ୍ଟି କ୍ଷମତାରେ ସେ ଅନାୟାସରେ ସମସାମୟିକ ଅନେକ ପୁରୁଷ କବିଙ୍କ ସମକକ୍ଷ ହୋଇଉଠନ୍ତି । ଅଧିକନ୍ତୁ ସଂବେଦନଶୀଳ ନାରୀମନ ଓ ଉଷ୍ମ ଉପଲବ୍ଧିର ଅଧ୍ୟାତ୍ମ ଦ୍ୟୁତି ତାଙ୍କ କବିତାରେ ଯେଉଁ ନୂଆ ମାତ୍ରା ଯୋଡ଼ିଥାଏ ତାହା ଅନ୍ୟତ୍ର ସୁଲଭ ହୁଏ ନାହିଁ । ଆଧୁନିକ କବିତାରେ ଚାରିତ୍ର୍ୟଗତ ଅନେକ ସଦ୍‌ଗୁଣ ତାଙ୍କ କବିତାରେ ପର୍ଯ୍ୟାପ୍ତ ମାତ୍ରାରେ ଅଛି ନିଶ୍ଚୟ, କିନ୍ତୁ ଯେଉଁ ଅଶୁଭ ଚେତନା ଓ ଅମଙ୍ଗଳବୋଧକୁ ଆଧୁନିକ ସାହିତ୍ୟର ଅନ୍ୟତମ ଲକ୍ଷଣ ବୋଲି କୁହାଯାଏ ତାହା ସଂପୂର୍ଣ୍ଣ ଅନୁପସ୍ଥିତ । ବରଂ ଅସୁନ୍ଦର ଅଶୋଭନ ଓ କ୍ଳେଶକର ନିଷ୍ଠୁର ଘଟନା ପ୍ରତି କବିଙ୍କର ବିମୁଖତା ଅନାୟାସଲକ୍ଷ୍ୟ, ସବୁ ଲଳିତ ଓ ମଧୁର ।

(ଚାରି)

ପ୍ରତିଭା ଦେବୀଙ୍କ ଅଧିକାଂଶ କବିତା ଉତ୍ତମପୁରୁଷ ଏକ ବଚନରେ ଲେଖା। ତାଙ୍କ କବିତାରେ 'ମୁଁ' କଥା କହିଥାଏ 'ତୁମେ' ସହିତ। ସେଦିନ କବି ୱାର୍ଡସ୍ ୱାର୍ଥ କହିଛନ୍ତି, କବି ହେଉଛନ୍ତି a man speaking to men। ଗୋଟିଏ ଶବ୍ଦର ଏକବଚନ ଓ ବହୁବଚନ ପ୍ରୟୋଗ ଉଦ୍ଦେଶ୍ୟମୂଳକ ନିଶ୍ଚୟ। ଶବ୍ଦ ସମାର୍ଥକ। କିନ୍ତୁ ପ୍ରୟୋଗ ଭିନ୍ନ ଭିନ୍ନ। man ଏଠାରେ ବ୍ୟକ୍ତିଗତ କବି ମଣିଷ ନୁହନ୍ତି, କବିଙ୍କ ଭିତରର ସତ୍ତା ପ୍ରବାହ ନିଶ୍ଚୟ - ଯାହାକୁ କୁହାଯାଏ Comprehensive self ବା spirit of life। କବିଙ୍କ ଭିତରର ଏହି ମଣିଷ କାହା ସହିତ କଥା କହନ୍ତି ? କେବଳ କ'ଣ ବୃହତ୍ତର ମଣିଷ ସମାଜ ସହିତ ? କବିତାର କିନ୍ତୁ ଗୋଟିଏ ସ୍ୱର ନୁହେଁ, ତିନୋଟି ସ୍ୱର। The three voices of poetry ପ୍ରବଂଧରେ କବି TS. Eliot କଥାଟିକୁ ବୁଝାଇଛନ୍ତି। ପ୍ରଥମ ସ୍ତର (1st voice)ରେ କବିତାର 'ମୁଁ' କଥା କହିଥାଏ ନିଜ ସହିତ - କବିଙ୍କ ସହିତ, ଦ୍ୱିତୀୟ ସ୍ୱର (2nd voice)ରେ କଥା କହିଥାଏ ବ୍ୟାପକ ପାଠକ ସମାଜ କି ଶ୍ରୋତାମଣ୍ଡଳଙ୍କ ଉଦ୍ଦେଶ୍ୟରେ, ତୃତୀୟ ସ୍ୱର (3rd voice)ରେ କାହା ସହିତ ? କବିତାର ଉତ୍ତମ ପୁରୁଷ ସବୁବେଳେ କବି-ମୁଁ ନ ହୋଇ ପାରନ୍ତି। କବି ବେଳେବେଳେ କୌଣସି କାଳ୍ପନିକ ଚରିତ୍ର କି ମିଥ୍ ଚରିତ୍ରଙ୍କ ପାଇଁ ମନୋଲଗ ପ୍ରସ୍ତୁତ କରି ପାରିଥାନ୍ତି। 'ମୁଁ' ହୋଇ ଉଠେ ସ୍ୱତନ୍ତ୍ର କୌଣସି ନାଟକୀୟ ଚରିତ୍ର। ତୃତୀୟ ସ୍ୱରରେ କବିତାର ନାଟକୀୟ ଚରିତ୍ରଟି ମୁଁ ମାଧ୍ୟମରେ କଥା କହନ୍ତି - କବି 'ମୁଁ' ଅର୍ଥାତ୍ କବି ବ୍ୟକ୍ତିତ୍ୱ ମଧ୍ୟରେ ଏ ଯେଉଁ ଦ୍ୱିଧା ବା ତ୍ରିଧା ଧାରଣା ବର୍ତ୍ତମାନ ତାହା ସବୁ ଜଟିଳତାର ମୂଳ। ସାଧାରଣ ପାଠକ ନିଜକୁ ସଦା ସାମଞ୍ଜସ୍ୟପୂର୍ଣ ଗୋଟିଏ ଆତ୍ମସଂପୂର୍ଣ୍ଣ ମଣିଷ ବୋଲି ଭାବିଥାଏ, ତେଣୁ କବିଙ୍କୁ ଏତେ 'ମୁଁ'ର ସମାହାର ବୋଲି ଭାବିପାରେ ନାହିଁ। ପ୍ରକୃତରେ ଅନେକ ଟୁକୁରା 'ମୁଁ'ରେ ମଣିଷର ଅସ୍ତିତ୍ୱ ଗଢ଼ା। ସେହି ସବୁ ଟୁକୁଡ଼ା ଟୁକୁଡ଼ା 'ମୁଁ'ଙ୍କ ମଧ୍ୟରେ ଅବସ୍ଥା ବିନିମୟ ଚାଲିଥାଏ। ଯାହାକୁ 'ମୁଁ' ବୋଲି କହିଥାଏ 'ମୁଁ' ସେ କିଏ ? ସେ ନିତ୍ୟ ବିଦାୟ ଘେନେ ଓ ଅନ୍ୟକୁ ସ୍ୱାଗତ ସମ୍ଭାଷଣ ଜଣାଏ। ଏହି ନିତ୍ୟ ବିଦାୟ ଓ ନିତ୍ୟ ସ୍ୱାଗତ ଭିତରେ ଗଢ଼ି ଉଠିଛି ପ୍ରତିଭା ଦେବୀଙ୍କ କବିତାର 'ମୁଁ' - ତେଣୁ କବିତାର ମୁଁ-ମାନଙ୍କୁ ଚିହ୍ନିବାକୁ ହେବ ପ୍ରଥମେ।

ମହତ୍ ଲେଖକ ଯେତେବେଳେ ନିଜର ନିଜର କଥା କହନ୍ତି ସେତେବେଳେ ସେ ପାଠକଙ୍କୁ ତାଙ୍କ ବ୍ୟକ୍ତିଗତ ଜୀବନଠାରୁ ଯଥାସମ୍ଭବ ଦୂରରେ ରଖଛି। ଯେଉଁ ମୁଁ ଟି କ୍ଷୁଧା ମେଣ୍ଟାଏ, ତୃଷ୍ଣା ଚରିତାର୍ଥ କରେ ସେହି ବ୍ୟକ୍ତିଗତ ମୁଁଟିକୁ ଦୂରରେ ରଖିବାକୁ ପରାମର୍ଶ ଦେଇଛନ୍ତି ବି ଏମାର୍ସନ। କବି ଷ୍ଟିଫେନ୍ ସ୍ପେଣ୍ଡର (୧୯୦୯) ତାଙ୍କର

ଗୋଟିଏ କବିତାରେ ଆତ୍ମଗତ ମୁଁ ଅନେକ ବ୍ୟକ୍ତିଗତ ମୁଁ ଘେନି ଗଠିତ ବୋଲି କହି ରଖିଛନ୍ତି,

To advance from friends to the composite self Central 'I' is sorrounded by I eating, I loving, I angry, I excreting - And the Great I planted in him Has nothing to do with all these !

Central I ବା composite selfକୁ କବିଙ୍କ ଆତ୍ମଗତ ମୁଁ ବୋଲି ଚିହ୍ନିତ କରାଯାଇ ପାରିବ - ତାହାରି ଚାରି ପାଖରେ ଘେରି ରହିଛି ବ୍ୟକ୍ତିଗତ ମୁଁର ପ୍ରାତ୍ୟହିକ ଛିନ୍ନ ପରିଚୟ - I eating, I loving, I angry, I excerting; ଯିଏ କ୍ଷୁଧା ମେଣ୍ଟାଏ.....। ତାହାର ଅନେକ କ୍ଷୁଧା ଓ ଅନେକ ତୃଷ୍ଣା। ବ୍ୟକ୍ତିଗତ ମୁଁର ବିନ୍ଦୁ ବିନ୍ଦୁ ନିର୍ଯ୍ୟାସରେ ଅବଶ୍ୟ ଆତ୍ମଗତ ମୁଁ ଗଢ଼ା; କିନ୍ତୁ ସେ ବ୍ୟକ୍ତିଗତ ମୁଁ ଗୁଡ଼ିକର ସମାହାର ମାତ୍ର ନୁହେଁ - ତାହାର ଚରିତ୍ର ଅଲଗା। ତାହାର ଉତ୍ତରଣ ଆସ୍ପୃହା ଅଛି, ପରିଣତିର ସମ୍ଭାବନା ଅଛି। କବି ରବୀନ୍ଦ୍ର ନାଥଙ୍କ 'ଶେଷ ପୁସ୍ତକ' କବିତାରେ ଆତ୍ମଗତ ମୁଁଟି ବ୍ୟକ୍ତିଗତ ମୁଁ ଠାରୁ ପୃଥକ ହେବାକୁ ଚାହିଁଛି। "ଶୁଭ ହତେଇ ଓ ଆମାର ସଙ୍ଗ ଧରେଛେ, ଐ ଏକଟା ଅନେକ କାଲେର ବୁଡୋ, ଆମାତେ ମିଶିଏ ଆଛେ ଏକ ହୟେ।" ତାହାର ଅନେକ କାଳର ତୃଷ୍ଣା ଅନେକ କାଳର କ୍ଷୁଧା। ତେଣୁ "ଆଜି ଆମି ଓକେ ଜାନାଛି, ପୃଥକ ହେବେ ଆମରା" ଆତ୍ମଗତ ମୁଁ ଟି ଦେହସୀମା ଭିତରେ ରୁଦ୍ଧଶ୍ୱାସ ହୋଇ ଉଠେ। ପୂର୍ଣ୍ଣତର ଏକ ମୁଁ ବୋଧ ଘେନି 'Great I' ବୋଲି କହନ୍ତି, ଆମ କବି ରବୀନ୍ଦ୍ର ତାହାର ନାମ ଦେଇଛନ୍ତି 'ବଡ଼ୋ ଆମି' ତେଣୁ ଆତ୍ମଗତ ମୁଁ ର ଗୋଟିଏ ପାଖରେ ବ୍ୟକ୍ତିଗତ ମୁଁ, ଅନ୍ୟ ପାଖରେ ବିଶ୍ୱଗତ ମହତ୍ ମୁଁ ବା 'Great I' ବା ବଡ଼ୋ ଆମି - ଏପଟେ ଅବମାନବ, ସେପଟେ ଅତିମାନବ - ମଝିରେ ମଣିଷର କ୍ରମ ଜାୟମାନ ଆତ୍ମଗତ 'ମୁଁ' ବା ଆତ୍ମଗତ ପରିଚୟ। ରୋମାଣ୍ଟିକ ଗୀତି କବିତାର 'Subjective I' ହେଉଛି ଏହି ଆତ୍ମଗତ ମୁଁ। କବି ବ୍ୟକ୍ତିର ପ୍ରାତ୍ୟହିକ ଅଭିଜ୍ଞତାରୁ ଏହି ଆତ୍ମଗତ ମୁଁ ଗଢ଼ି ଉଠିଥାଏ ନିଶ୍ଚୟ, କିନ୍ତୁ କବିତାର ପ୍ରକାଶ ମୁହୂର୍ତ୍ତରେ ବ୍ୟକ୍ତିର ଚିହ୍ନ ଘୁଂଚିଯାଏ, ଆତ୍ମଜଗତରେ କବିସତ୍ତା ମୁକ୍ତିପାଏ। କବିତାରେ ବ୍ୟକ୍ତିଗତ ମୁଁ ର ଆବିର୍ଭାବ ନ ଘଟେ ନୁହେଁ, ଘଟେ। ଏଇ ଯେମିତି ୱାଲ୍ଟ ହ୍ୟୁଇଟ୍‌ମ୍ୟାନ କହନ୍ତି, 'Walt Whitman am I' ଆମ ସଚ୍ଚିଦାନନ୍ଦ କହନ୍ତି, "ମୁଁ ସଚ୍ଚି ରାଉତରାୟ, ନୁହେଁ ଟାଗୋର ବା ମୁଁ ନୁହେଁ, ବଡ଼ ବ୍ୟକ୍ତିଗତ ଓ ଆତ୍ମଜୈବନିକ ମୁଁ।" ଅବଶ୍ୟ ଏପରି କବିଙ୍କ ସଂଖ୍ୟା ମୁଷ୍ଟିମେୟ, ଯେଉଁମାନେ ନିଜର ପତନ ସ୍ଖଳନ ମହିମା ଗୌରବ ଘେନି ନିଜ ସମୟର କଥା କହିବାକୁ ସମୁଦ୍ୟତ ଥାଆନ୍ତି। ଅନ୍ୟପକ୍ଷରେ ଅଛନ୍ତି କିନ୍ତୁ

ପୃଥିବୀର ଅନେକ କବି ଯେଉଁମାନଙ୍କର ସାଧନା ହେଲା ନିଜଠାରୁ ନିଜକୁ ଦୂରେଇ ରଖିବାର ସାଧନା - ବ୍ୟକ୍ତିଗତ ମୁଁ ର ଆବରଣରୁ ମୁକ୍ତ ହେବାର ସାଧନା। କବି ପ୍ରତିଭା ଦେବୀଙ୍କୁ ଆମେ ସେହି ବୃହତ୍ତମ କବି ଗୋଷ୍ଠୀରେ ଗଣିବା। ତାଙ୍କର 'ସାହାଡ଼ା ସୁନ୍ଦରୀ' କବିତାରେ 'ମୁଁ'ର ତ୍ରିଧା ଧାରଣା ଦୁର୍ଲକ୍ଷ ନୁହେଁ।

ହସ, କାଂଦେ, କଥା କହେ/ଇସ୍ତ୍ରୀ ଶାଢ଼ି ପିଂଧି
ପେନସିଲ୍‌ରେ ଭୁରୁ ଟାଣି ବୁଲିଯାଏ
ବଜାର କରେ ଘରକୁ ସଜାଡ଼େ

x x x x x

ମୁଁ ସିନା ଖରାରେ ପୋଡ଼େ/ବର୍ଷା ଖାଏ, ଶୀତ ସହେ
ସାହାଡ଼ା ଗଛର ଅପରିଚ୍ଛନ୍ନ ଗଣ୍ଡି ଭିତରେ
ଲୁଚିଥିବା ହେ ସୁନ୍ଦରି !
ତୋର ଅସ୍ଥିରତାରେ ମୋତେ ଆଉ ଦୋହଲାଇ ଦେ' ନା

x x x x x

ଆମ ପାଇଁ ଆଉ ଅଧିକ କିଛି ନାହିଁ !
ଆମ କାନକୁ ଶୁଭିବ ନାହିଁ କେବେ
ଦିବ୍ୟ ରଥର ଘର୍ଘର ଘୋଷ

x x x x x

ଅପାତତଃ ମୁହୂର୍ତ୍ତଟିଏ ଭୁଲି ଯା'/ଯେ ତୁ ମୋଠୁ ଭିନ୍ନ
ଆଉ କିଏ ?

ବ୍ୟକ୍ତିଗତ ମୁଁ ଟି ହସ, କାଂଦେ, କଥା କହେ। ସୁନ୍ଦରୀଟି ଆତ୍ମଗତ ମୁଁ। ସାହାଡ଼ା ଗଛଠାରୁ ସାହାଡ଼ା ସୁନ୍ଦରୀଟି ଭିନ୍ନ ନିଶ୍ଚୟ। ସାହାଡ଼ା ଗଛଟି କବିଙ୍କ ଭୁଲ ପରିଚୟ। ଯେଉଁ କବି ସତ୍ତାରେ ସେ ପ୍ରକାଶ ସେହି ସୁନ୍ଦରୀଟି ଜାଗି ଉଠିଲେ ତାଙ୍କର ମର୍ଯ୍ୟାଦା ବଢ଼ିଯାଏ, ଗଛଠାରୁ ସେ ଭିନ୍ନ ଦିଶନ୍ତି। ଯଦିଓ ଭିନ୍ନ ବୋଲି ମନେ ରହେନା ସବୁବେଳେ। ଦୁହେଁ ମର୍ତ୍ତ୍ୟ ସମୟର ପଦଧ୍ୱନି ଶୁଣନ୍ତି। ଏହାକୁ ଅବଧାରିତ ନିୟତି ବୋଲି ଭାବନ୍ତି। ରଥାରୋହୀଟି ହିଁ The Great I ମହତ ମୁଁ ବା ବଡ଼ ଆମି। ଦିବ୍ୟ ସମ୍ଭାବନା। ଉପନିଷଦ ଭାଷାରେ କହିଲେ ହେବ ଆତ୍ମା ମଧ୍ୟରେ ବିଦ୍ୟମାନ ପରମାତ୍ମା। କବି ଭାବନାର ପରିମଣ୍ଡଳ ପ୍ରସ୍ତୁତ କଲାବେଳେ ଏଥିରେ ଉପନିଷଦୀୟ ଆତ୍ମ ଜିଜ୍ଞାସା ସକ୍ରିୟ ରହି ପାରିଥାଏ। କିନ୍ତୁ ମଣିଷର ପରିବେଶ ତାହାକୁ ଯେଡ଼ିକିଟିଏ କରି ରଖିଥାଏ ତାହାଠାରୁ ସେ ଯେ ଅନେକ ବଡ଼ ଏକଥା

କବି ପ୍ରତିଭା ଜାଣନ୍ତି। ନିଜକୁ ଅତିକ୍ରମ କରି ଯିବା ମଧ୍ୟରେ ମଣିଷର ସବୁଠାରୁ ବଡ଼ ସୌନ୍ଦର୍ଯ୍ୟମୟ ପରିଚୟ ରହିଛି; ତାହା ସେ ଏଥିରେ ପ୍ରତିପାଦନ କରନ୍ତି। ଗୋଟିଏ ପ୍ରାନ୍ତରେ ସାହାଡ଼ା ଗଛ, ଅନ୍ୟ ପ୍ରାନ୍ତରେ ମଣିଷର ବଡ଼ ସୌନ୍ଦର୍ଯ୍ୟମୟ ମହତ୍ ପରିଚୟ - ସୀମାନ୍ତରେ ସାହାଡ଼ା ସୁନ୍ଦରୀ। ପ୍ରତିଭା ଦେବୀଙ୍କ ଅଧିକାଂଶ କବିତାର କାବ୍ୟ ନାୟକ ବା ପ୍ରଟାଗୋନିଷ୍ଟ ଏହି ସାହାଡ଼ା ସୁନ୍ଦରୀ - ଆତ୍ମଗତ ମୁଁ। ବ୍ୟକ୍ତିରୁ ବାହାରି ଆତ୍ମାରେ ପହଞ୍ଚିବା କ୍ଷେତ୍ରରେ ଏଠାରେ ଯିବା ଆସିବା ଚିହ୍ନଟ ସ୍ପଷ୍ଟ ଦିଶୁଛି। ପରବର୍ତ୍ତୀ କାଳରେ କିନ୍ତୁ କବି ପରିଚ୍ଛନ୍ନ ଭାବରେ ଆତ୍ମଜଗତ ରଚନା କରି ପାରିଛନ୍ତି। ଯିବା ଆସିବା ଜୋଡ଼ ଚିହ୍ନଟ ଘୁଞ୍ଚି ଯାଇଛି। କବିତା ହୋଇଛି ସାହାଡ଼ା ସୁନ୍ଦରୀଙ୍କର ଆତ୍ମଗତ ଉଚ୍ଚାରଣ। ତେବେ ସେ କାହା ସହିତ କଥା କହନ୍ତି ? ତୁମ ସହିତ। କିଏ ଏ ତୁମେ ? ତୁମେ ଆଶ୍ଚର୍ଯ୍ୟ ଏକ ସର୍ବନାମ - ଆକ୍ଷରିକ ଅର୍ଥରେ ସର୍ବନାମ ମଧ୍ୟ। ତୁମେ ହୋଇପାରନ୍ତି ପାଠକ, ହୋଇ ପାରନ୍ତି ପ୍ରେମାସ୍ପଦ, ହୋଇ ପାରନ୍ତି କବିଙ୍କ ଭିନ୍ନ ସତ୍ତା। ହୋଇ ପାରନ୍ତି ବି ଭଗବାନ ବା ପରମାତ୍ମା। ପ୍ରସଙ୍ଗରୁ ତୁମେଙ୍କୁ ଚିହ୍ନିବାକୁ ହେବ। ପ୍ରତିଭା ଦେବୀଙ୍କ ଅଧିକାଂଶ କବିତାରେ ତୁମେ ହେଉଛ କବିଙ୍କ ଭିନ୍ନ ସତ୍ତା - ମହତ୍ତର ସତ୍ତା - The Great I- ମହତ୍ ମୁଁ। କବିତା ସଂଳାପରେ ଗଢ଼ା। ମନୋଲଗ୍ - ଆତ୍ମଗତ ଭାଷଣ କି ସ୍ୱଗତୋକ୍ତି। The Great I ସଦା ଅନୁପସ୍ଥିତ। କିନ୍ତୁ କେବେ ଅନସ୍ତିତ୍ୱ ନୁହନ୍ତି। ତାଙ୍କର ପରିଚୟ ? ସେଦିନ ଶୀଲାରୁ ବୁଝାଇଛନ୍ତି, ଆମେ ସମସ୍ତେ ଆମ ଭିତରେ ଏକ ଆଦର୍ଶ ମଣିଷର ସମ୍ଭାବନାକୁ ବହନ କରି ଚାଲିଛେ - ଯାହାକୁ କହନ୍ତି ମାନବ ସତ୍ତାର ଆର୍କିଟାଇପ୍ - ଆମର ତେଣୁ ଦାୟିତ୍ୱ ହେଲା ସବୁ ପ୍ରତିରୋଧ ଅତିକ୍ରମ କରି ସେଇ ଆର୍କିଟାଇପ୍ ସହିତ ମିଳିତ ହେବା - ଏହି ଆଦର୍ଶ ମଣିଷର ସମ୍ଭାବନାଟି The Great I। କେହି କେହି ଏହାର ନାମ ରଖିଛନ୍ତି active soul। 'ମାନୁଷେର ଧର୍ମ' ଗ୍ରନ୍ଥରେ କବି ରବୀନ୍ଦ୍ରନାଥ ବୁଝାଇଛନ୍ତି, "ଆମି ଯେ ପରିମାଣେ ପୂର୍ଣ୍ଣ ଅର୍ଥାତ୍ ବିଶ୍ୱଭୂମିନ ସେଇ ପରିଣାମେ ଆପନ କରିଛେ ତାକେ, ଐକ୍ୟ ହୟେଛେ ତାଁର ସଙ୍ଗେ। ଏହି ସେ (ତିନି) ମାନବ ସତ୍ତାର ଆର୍କିଟାଇପ୍ - ତାଙ୍କ 'ବଡ଼ ଆମି'। ଏମାର୍ସନଙ୍କ active soul ପ୍ରକୃତରେ ମଣିଷ ଭିତରେ ଏପରି ଏକ ମୁଁ ଅଛି। ସେ ଏତେ ବିରାଟ ଯେ ତାଙ୍କୁ ସ୍ଥାପିବାକୁ ମିଳେ ନାହିଁ - ସର୍ଷପ ଗର୍ଭରେ ଯେପରି ହିମାଳୟ ସାନୁମାନ ସ୍ଥାପନ। ସେହି ଅକୁଳାନ ମୂର୍ତ୍ତିକୁ କେହି ଭଗବାନ ନାମ ଦେଇ ପାରନ୍ତି। କେହି ବା ଦେଇ ନ ପାରନ୍ତି। କିନ୍ତୁ ଏହା ସତ୍ୟ ଯେ ଧର୍ମୀୟତାର ବାହାରେ ଭାବୁକ ମଣିଷଙ୍କ କ୍ଷେତ୍ରରେ ଏହି ସତ୍ତାର ଅନୁଭବ ଏକ ଅନିବାର୍ଯ୍ୟ ଅନୁଭବ। ମଣିଷ ନିଜେ ଅବଶ୍ୟ କୌଣସି ପରିଣାମ

ନୁହେଁ। କିନ୍ତୁ ତାହାରି ମଧ୍ୟରେ ହିଁ କେବଳ ଅର୍ଜିତ ହୋଇ ପାରେ ମହତ ଏକ ପରିଣାମ। ପ୍ରତିଭା ଦେବୀଙ୍କ କବିତାରେ ଆତ୍ମଗତ ମୁଁ ମହତ୍ ପରିଣାମ ମହତ୍ ମୁଁ-କୁ ଖୋଜିଥାଏ - ଏତ ନିଜ ଭିତରେ ନିଜକୁ ଖୋଜିବା କଥା, ଜାଣିବା କଥା। ଶିଳ୍ପମାତ୍ରେ ନିଜକୁ ଜାଣିବାର ଶିଳ୍ପ। କବିତା ବ୍ୟତିକ୍ରମ ହେବ କିପରି ? ନିଜକୁ ଜାଣିବାର ସଂପୂର୍ଣ୍ଣତାହିଁ ସମସ୍ତଙ୍କୁ ଜାଣିବାର ଉପାୟ ଓ ପାଥେୟ।

କବି ପ୍ରତିଭା ଦେବୀ ଏହି ସୂତ୍ରରେ କବିତାରେ ନିଜ ସହିତ କଥା କହିଥାନ୍ତି। ମୁଁ ଯିଏ, ସିଏ ହିଁ ତୁମେ। ଅନେକତ୍ର। ନିଜ ସହିତ କଥା କହିବା ଆମ ଭାବନା ପଦ୍ଧତିରେ ଏକ ସ୍ୱାଭାବିକ ରୀତି। ମିଶର ମରୁଭୂମିରେ ଆଲପାଇନ ତପୋଗୃହରେ ଧ୍ୟାନୀ ମଣିଷ ମାନେ ତାଙ୍କ ଅଭିଜ୍ଞତାର କଥା ନିଜ ସହିତ କଥାବାର୍ତ୍ତା ମାଧ୍ୟମରେ ପ୍ରକାଶ କରିଥାନ୍ତି। ଏହାର ନାମ ସେମାନେ ଦେଉଛନ୍ତି ଆତ୍ମ ସହିତ ଈଶ୍ୱରଙ୍କ କଥାବାର୍ତ୍ତା। ପ୍ରାଚୀନ ଓଡ଼ିଆ କବିତାରେ ଏହି ଉପାୟର ନାମ ଥିଲା ମନ ଚୈତନ୍ୟ ସମ୍ବାଦ। ଏ କଥାବାର୍ତ୍ତା ତ ଆଉ କିଛି ନୁହେଁ, ନିଜ ସହିତ ନିଜର କଥାବାର୍ତ୍ତା ମାତ୍ର। ଆଉ ସେହି ସୂତ୍ରରେ ସମଗ୍ର ଜୀବନ ପ୍ରତି ନିବେଦନ କରାଯାଏ ପ୍ରଶ୍ନ, ବିସ୍ମୟ ଓ ସମର୍ପଣ; ଯାହାକୁ କହିହେବ ଆତ୍ମବୋଧର ନାଟକ। ଦୂରବର୍ତ୍ତୀ ଅଥଚ ପ୍ରତିବେଶୀ ତୁମ ସହିତ ସଂଳାପରୁ ପ୍ରତିଭା ଦେବୀ ବୁଝନ୍ତି ନିଜ ଅସ୍ତିତ୍ୱର ଅର୍ଥ - କବିତାର ମୁଁ - ତୁମେ ତାଙ୍କ ଚେତନାର ଦ୍ୱୈଧ ମାତ୍ର - ତୁମେ ସମ୍ବୋଧନ ଆଳଙ୍କାରିକ ଆତ୍ମସମ୍ବୋଧନ। ତେଣୁ ତାଙ୍କ କବିତା ଆତ୍ମଚେତନ ନୁହେଁ। ଆତ୍ମବୋଧନର କବିତା, ନିଜକୁ ନିଜେ ରଚନା କରିବାର କବିତା, ଏକ ବିରାମହୀନ ଆତ୍ମଜାଗରଣର କବିତା, ଆତ୍ମା ଦୀକ୍ଷାର କବିତା।

କବି ଟି.ଏସ୍. ଏଲିୟଟଙ୍କ କବିତାର ତିନିସ୍ୱର ଦୃଷ୍ଟିରୁ ବିଚାରିଲେ ପ୍ରତିଭା ଦେବୀଙ୍କ କବିତାର ମୁଖ୍ୟ ସ୍ୱର ଦୁଇଟି : ପ୍ରଥମ ସ୍ୱର ଓ ତୃତୀୟ ସ୍ୱର। କବି ପ୍ରାୟ ନିଜ ସହିତ ନିଜେ କଥା କହନ୍ତି। ପ୍ରଥମ ସ୍ୱର ଓ ତୃତୀୟ ସ୍ୱର। ପ୍ରଥମ ସ୍ୱର ତେଣୁ ପ୍ରମୁଖ ସ୍ୱର। ତୃତୀୟ ସ୍ୱର ଅପେକ୍ଷାକୃତ କମ୍ ଶୁଣାଯାଏ, ଯେଉଁଠି କବି ସ୍ୱତନ୍ତ୍ର ନାଟକୀୟ ଚରିତ୍ର ମୌନ ସଗତୋକ୍ତି (Internal Monologue) ପ୍ରସ୍ତୁତ କରିଥାନ୍ତି। 'ମୁଁ' ହୋଇ ଉଠିଥାଏ ଶବରୀ କି ଦେବକୀ କି ସରଦେଇ। ବ୍ୟାପକ ଶ୍ରୋତୃମଣ୍ଡଳୀ ଉଦ୍ଦେଶ୍ୟରେ କବି ମଧ୍ୟ କଥା କହିଥାନ୍ତି, ଦ୍ୱିତୀୟ ସ୍ୱରଟି ତେବେ କାହିଁ ଉଚ୍ଚଗ୍ରାମକୁ ଉଠି ନାହିଁ। ଆଧୁନିକ କବିତାକୁ ଭାଷଣ ସାଜେ ନାହିଁ। ସେଥିପାଇଁ ସେଦିନ କବି ଭର୍ଲେନ କବିତା କ୍ଷେତ୍ରରେ ଭାଷଣକୁ ତଡ଼ି ଦେବାକୁ ପରାମର୍ଶ ଦେଇଛନ୍ତି। ଏହି ସ୍ୱର ଦୃଷ୍ଟିରୁ ପ୍ରତିଭା ଦେବୀଙ୍କ କବିତାକୁ ତିନି ଭାଗରେ ବିଭକ୍ତ କରିହେବ। ଭାବବସ୍ତୁ ପ୍ରାୟ ସମାନ। ସ୍ୱର ଯାହା ଭିନ୍ନ ଭିନ୍ନ।

(ଛଅ)

କବିତାର ପ୍ରଥମ ସ୍ୱର ଶୁଣାଯାଏ 'ତନ୍ମୟ ଧୂଳି'ରେ ଓ 'ଅଧା ଅଧା ନକ୍ଷତ୍ର' ସଂକଳନର ଅର୍ଦ୍ଧାଧିକ କବିତାରେ। କବି ନିଜ ନିଜ ସହିତ କଥା କହନ୍ତି। କବିତା ସ୍ୱଗତ ସଂଳାପ - ନାଟକୀୟ ବାଚନ। ଆତ୍ମ ନିବେଦନ ଆକାରରେ ଧ୍ୱନିତ ରହିଥିଲେ ହେଁ ଏଗୁଡ଼ିକ ମୂଳତଃ ଆତ୍ମବୋଧନର କବିତା। 'ମୁଁ'ର ତୀବ୍ର 'ତୁମେ' - ଉନ୍ମୁଖତା ପ୍ରତିପାଦ୍ୟ। ବ୍ୟବଧାନ ବୋଧ ମଣିଷର ତସ୍ମୈ ସ୍ୱଭାବରୁ ଉତ୍ସାରିତ। ମୁଁ ବଦ୍ଧ ଚୈତନ୍ୟ। ତୁମେ ମୁକ୍ତ ସତ୍ତା। ବଦ୍ଧ ମୁଁ-କୁ ମୁକ୍ତ-ମୁଁରେ ପରିଣତ କରିବାକୁ ହିଁ ମୁଁ ମଧ୍ୟରେ ଅନାବିଷ୍କୃତ 'ତୁମେ'ର ପ୍ରତିଷ୍ଠା। ଆଗରୁ କୁହାଯାଇଛି ତେଣୁ, ପ୍ରକୃତରେ ତୁମେ ସମ୍ବୋଧନ ଆଳଙ୍କାରିକ ଆତ୍ମସମ୍ବୋଧନ। କବିତା ଆତ୍ମକଥନ। 'ତନ୍ମୟ ଧୂଳି' 'ଅଧା ଅଧା ନକ୍ଷତ୍ର'ରେ କବି ମନରେ ଉତ୍ତରଣ ନିସନ୍ଦିଗ୍ଧ, ଆତ୍ମୋପଲବ୍ଧିର ପଦକ୍ଷେପ ଦୃଢ଼ ଅବିଚଳ। ଜୀବନଜିଜ୍ଞାସା ଗଭୀରାର୍ଥକ। ମନନଶୀଳ ଜୀବନ ବୀକ୍ଷଣ କବିତାକୁ ଋଦ୍ଧିମୁକ୍ତ ଓ ଉଜ୍ଜ୍ୱଳ କରିଛି। ସୂର୍ଯ୍ୟାଭିସାରୀ କଳ୍ପନା ବିସ୍ତାର ଚିତ୍ରକଳ୍ପ - ଭୂୟିଷ୍ଠ ସୁନିର୍ଦ୍ଦିଷ୍ଟ ରୂପସୀମାରେ ଘନୀଭୂତ ରହିଛି, ହୃଦୟାବେଗ ଛଂଦୋମୟ ଭାଷା ଅବଲମ୍ବନରେ ଭାବର ଊର୍ଦ୍ଧ୍ୱଲୋକକୁ ଉତ୍ତୀର୍ଣ୍ଣ ହେବାକୁ ସମୁଦ୍ୟତ ରହିଛି। ବ୍ୟକ୍ତିସତ୍ତାର ଅତୀତ ରହସ୍ୟମୟ ବିଶ୍ୱସତ୍ତା ସହିତ ମିଳିତ ହେବାର ଯେଉଁ ବ୍ୟାକୁଳ ପ୍ରେମୋତ୍କଣ୍ଠା ଶବରୀରେ ଉଦ୍‌ଗ୍ରୀବ ଥିଲା, ତାହାହିଁ ପ୍ରତ୍ୟକ୍ଷ ଭାବରେ ଏସବୁ କବିତାର ପ୍ରେରଣା ଭାବରେ ଉପସ୍ଥିତ ହୋଇଛି। ଶବରୀରେ ପ୍ରେମ ଥିଲା ମୁଁ, ତୁମେ ଓ ପ୍ରକୃତିର ଉତ୍ସବ। 'ତନ୍ମୟ ଧୂଳି' ପର୍ବରେ ତାହା ହୋଇଛି ମୁଁ, ତୁମେ ଓ କବିତାର କୌତୁକ। ପ୍ରକୃତି ପରିବର୍ତ୍ତେ କବି ଏଠାରେ କବିତାକୁ ବରିଛନ୍ତି। ମୁଁ ଓ ତୁମର ବିରହର ଅନ୍ତରାଳରେ ସେତୁ ରଚନା କରିଛି ଶବ୍ଦ ଓ କବିତା - "ଆମେ ଏକାଠି ନାହେଁ ବୋଲି ତ, ଏତେ କବିତା/ଏତେ ଗୀତ।" (ମଝି ରାତିରେ) ପ୍ରତୀକ୍ଷା ସ୍ଥାନରେ ବି ଅଭିସରଣର ସମୁତ୍ସୁକତା ଦେଖା ଦେଇଛି। ଟାଣି ହୋଇଯିବା, ଗନ୍ତବ୍ୟ ସଚେତନ ରହିବା, ସୂର୍ଯ୍ୟାଭିସାର ଆଦି ପ୍ରସଙ୍ଗରୁ ଅଭିସରଣ-ଉନ୍ମୁଖତା ଅଭିବ୍ୟଞ୍ଜିତ। ଅବଶ୍ୟ ଅପେକ୍ଷାମାଣ ଓ ଧାବମାନ ଦୁଇ ଜଣଯାକ ପ୍ରତୀକ୍ଷାପ୍ରାଣିତ। କେହିଁ ନିଶ୍ଚଳ ନୁହନ୍ତି। ବରଂ ବିରହ ନିଶ୍ଚଳ।

କବିଙ୍କ ସୂର୍ଯ୍ୟାଭିସାରୀ କଳ୍ପନା ପାର୍ଥିବ ବଂଧନ ମୁକ୍ତ ହେବାକୁ ଚାହିଁଛି, ଅଥଚ ପୃଥିବୀ ଓ ପୃଥିବୀର ସୌନ୍ଦର୍ଯ୍ୟ ପ୍ରତି ଆକର୍ଷଣ ଛାଡ଼ି ପାରିନାହିଁ, ପ୍ରକୃତି ଓ ଚାରିପାଖର ମଣିଷଙ୍କ ପ୍ରତି ମମତ୍ୱବୋଧକୁ ଅତିକ୍ରମ କରି ପାରିନାହିଁ। ବରଂ ପୃଥିବୀ ପ୍ରତି ବେଳେ ବେଳେ ଅନବଧାନତା ଯୋଗୁ ସେ ଅପରାଧବୋଧରେ ଘାରି ହୁଅନ୍ତି। ଅପରିଣାମଦର୍ଶୀ ସ୍ୱପ୍ନକୁ ଘେନି ବଂଚିଥିବାରୁ କ୍ଷମା ଚାହାନ୍ତି (ବଂଚି ରହିଛି ବୋଲି) ପରମ ପାଇଁ

ପିପାସା ପ୍ରବଳ, ଗଭୀର ବି, କିନ୍ତୁ ମର୍ତ୍ତ୍ୟ ଓ ମଣିଷଙ୍କ ପାଇଁ ପ୍ରୀତି ବି କିଛି କମ୍ ନୁହେଁ। ଭାଗ୍ୟ ଓ ସମୟ ପରିପନ୍ଥୀ। ଦୁହେଁ ମଣିଷର ରୁଚି ଓ ମହତ୍ ଆକାଙ୍କ୍ଷାର ଘୋର ପ୍ରତିକୂଳ। ଦୁହିଁଙ୍କୁ ଅତିକ୍ରମ ନ କଲେ ସଦ୍‌ଗତି ନାହିଁ। ଅଥଚ ଦୁହେଁ ସଦା ଅନତିକ୍ରମ୍ୟ ଓ ଅପ୍ରତିକାର୍ଯ୍ୟ ଓ ଅନୁଭାର୍ଯ୍ୟ। ଅଭାଗ୍ୟ ପ୍ରସ୍ଫୁଟିତ, କ୍ଷୟ ଓ ମୃତ୍ୟୁ ଅମୋଘ ଅବଧାରିତ। କବି କିନ୍ତୁ ଦୁର୍ଭାଗ୍ୟ ଓ ଦୁର୍ଗତିକୁ ଅସ୍ୱୀକାର କରିବାକୁ ଚାହାନ୍ତି, ମଣିଷକୁ ସେ ଦ୍ୱୈତ ସତ୍ତା ବିଶିଷ୍ଟ ପ୍ରାଣୀ ବୋଲି ଜାଣନ୍ତି। ସେ ଯେମିତି ପାର୍ଥିବ ପ୍ରାକୃତିକ ଶୃଙ୍ଖଳାର ଅଂଶ, କ୍ଷୟ ଓ ମୃତ୍ୟୁର ଅଧୀନ, କେମିତି ଅମର୍ତ୍ତ୍ୟ ଅମୃତଲୋକର ଅଧିବାସୀ - ଶାଶ୍ୱତ ଆତ୍ମାର ଅଧିକାରୀ। ସେଇଥିପାଇଁ ପ୍ରାକୃତ ଜଗତର ଦୀନହୀନ ଭୂମିକାରେ ସେ କେବେ ତୃପ୍ତ କି ସନ୍ତୁଷ୍ଟ ହୋଇ ପାରିବ ନାହିଁ। ଭାଗ୍ୟ ଓ ସମୟର ଅବାଧ ହେବ, ଭୂମାରେ ଆନଂଦ ଖୋଜିବ। ନିଜ ଭିତରେ ବି ତାର କିଛି କମ୍ ବାଧା ନାହିଁ। କିଛି କମ୍ ପ୍ରଲୋଭନ ନାହିଁ - ବିଚରା ସୀମାନ୍ତବାସୀ - ଗୋଟିଏ ପଟରେ ସୀମାବଦ୍ଧତା ଓ ଦୁର୍ବଳତା, ଅପର ପାର୍ଶ୍ୱରେ ମୁକ୍ତି ଓ ରୋମାଞ୍ଚକର ମହତ ସ୍ୱପ୍ନ ସଂଚାର - ଏ ପାଖକୁ ପାଦ ପଡ଼ିଲେ ମର୍ତ୍ତ୍ୟଲୋକର ମାଟି, ଆଉ ସେପଟକୁ ପାଦ ପଡ଼ିଲେ ଅମୃତ ଲୋକର ଗଂଧ - କବି ଏପଟର ମାନବୀୟ ଅବସ୍ଥାକୁ ତଡ଼ାଗ ଓ ଶାମୁକା ଚିତ୍ରକଳ୍ପରେ ଆଙ୍କିଛନ୍ତି। ତଡ଼ାଗ ପଙ୍କକାଦୁଅ ସଡ଼ ସଡ଼। ଶାମୁକାର ରୂପ ବିଭଙ୍ଗ ଓ ଲଜ୍ଜାକର, କିନ୍ତୁ ସେପଟରେ ଭିନ୍ନ ଦୃଶ୍ୟ - ତଡ଼ାର ବକ୍ଷରେ ସ୍ୱଚ୍ଛ ସୁଲଳିତ ଚନ୍ଦ୍ରର ପ୍ରତିବିମ୍ବ। ଦିଗବିଦିଗ ଫାଟି ପଡୁଥିବା ଚନ୍ଦ୍ରାଲୋକ, କର୍ପୂର ବର୍ଷା ଓ ମଧୁସ୍ରାବ। ଆଉ ଶାମୁକାର ମୁକ୍ତା ସୃଜନର ସ୍ୱପ୍ନ ଓ କଳ୍ପନା। କବି ପ୍ରତିଭାଙ୍କ 'ମୁଁ' ତେଣୁ 'କ୍ଷୟ ଓ ମୃତ୍ୟୁର ମୁକୁଟ ପିନ୍ଧି ଦର୍ପରେ ବସିଥିବା ଜୀବନକୁ' ଘେନି ଅପ୍ରତିଭ ହୋଇ ଉଠେ ନାହିଁ। "ଅଲୌକିକ ବର୍ଷା ଟୋପାଟିଏ" ପାଇଁ ଓଷ୍ଠାଧାର ଉନ୍ମୀଳିତ ରଖିଥାଏ। ମୁଁ ସେହି ଅନାବିଷ୍କୃତ ତୁମେ ଉଦ୍ଦେଶ୍ୟରେ ଅଭିସାର ରଚିଥାଏ, ଯଦିଓ ଭଲ କରି ଜାଣେ ସେ ପରିଚିତ ସମୟର କୌଣସି ବିନ୍ଦୁରେ ତାଙ୍କ ସହ ଭେଟ ହେବା ସଂପୂର୍ଣ୍ଣ ଅସମ୍ଭବ। ପରିଚିତ ସମୟ ବାହାରେ କିନ୍ତୁ ତାହା ପାଇଁ ସମୟ ଅଛି। ନିତ୍ୟ ପରିବର୍ତ୍ତନଶୀଳ ମର୍ତ୍ତ୍ୟକାଳ ହାତରୁ ମୁକ୍ତ ହେବାକୁ ହେଲେ ଯେଉଁ ଅପରିବର୍ତ୍ତନୀୟ ନିତ୍ୟକାଳର ଅଭିଜ୍ଞତା ଲୋଡ଼ା, ସେଇ କାଳକୁ 'ମୁଁ' ଉତ୍ତୀର୍ଣ୍ଣ ହେବାକୁ ଚାହେଁ। ଭଂଗୁର ମର୍ତ୍ତ୍ୟକାଳାକ୍ରାନ୍ତ ଜୀବନ ବାହାରେ ତାହା ପାଇଁ ସ୍ଥାନ ବି ଅଛି, where every where - ଯେଉଁଠି ସର୍ବତ୍ର ବିଦ୍ୟମାନ ଏକାଘଟରେ ଏକାବେଳକେ। ପ୍ରତିଭା ଦେବୀଙ୍କ କବିତାରେ 'ମୁଁ' ସେହି ସ୍ଥାନ ଧ୍ୟାନରେ ଥାଏ। ବଡ଼ ମେଧାବୀ ମୁଁ। ନଚେତ ସେପରି ମେଧା କାହୁଁ ଆସିବ ଯେ, ସେ ସର୍ବୋଚ୍ଚ ମହିମା, ସୌନ୍ଦର୍ଯ୍ୟ ଓ ସାର୍ଥକତା ଆକାଙ୍କ୍ଷା କରିବ। ଚରମକୁ ଚାହିଁଲେ ପରମକୁ

ପାଇହୁଏ। ଅଧିକନ୍ତୁ 'ମୁଁ'ର ସାଧନା ହୃଦୟାବେଗର ସାଧନା। ଏଇଠି ସ୍ମରଣ ରଖିବାକୁ ହୁଏ ଯେ, ଅମୃତତ୍ୱର ପ୍ରତ୍ୟାଶା ଓ ପ୍ରେମ ଏକ କଥା। ପ୍ରେମିକା କି ପ୍ରେମାସ୍ପଦକୁ ନିବିଡ଼ ଭାବରେ ଭଲ ପାଇଲେ ମନ ପୂର୍ଣ୍ଣତାର ଆକାଙ୍କ୍ଷାରେ ଏମିତି ଭରିଯାଏ ଯେ, ପ୍ରେମ ହୋଇଉଠେ ପରମ ପ୍ରତି ଆତ୍ମ ନିବେଦନ; ଆଉ ପରମକୁ ଭଲ ପାଇଲେ ତାହାକୁ ବ୍ୟକ୍ତ କରିବାକୁ ହୁଏ ମାନବୀୟ ପ୍ରେମ ଉତ୍କଣ୍ଠାରେ - ମର୍ତ୍ତ୍ୟପ୍ରେମ ଓ ଈଶ୍ୱରପ୍ରେମ ବଡ଼ ସମାନ୍ତରାଳ। ପ୍ରେମ ଓ ଭକ୍ତିର ପରିଣାମ ବି ସମାନ। ପରିଣାମରେ ଉପନୀତ ହେବାକୁ ହୁଏ ଚରାଚର ବ୍ୟାପୀ ବିଶାଳତାରେ, ଦେଶକାଳୋତ୍ତୀର୍ଣ୍ଣ ମଧୁର ଅନାସ୍ୱାଦିତ ପୂର୍ବ ଅଭିଜ୍ଞତାରେ, ପରମ ସହିତ ଏହି ଏକାତ୍ମତାର ଆକାଙ୍କ୍ଷା ପ୍ରକୃତରେ ମଣିଷର ମୁକ୍ତ ଚୈତନ୍ୟର ସ୍ୱଭାବ - ଏହି ଚୈତନ୍ୟର ଉପଲବ୍ଧିରେ ମର୍ତ୍ତ୍ୟ ଓ ଅମର୍ତ୍ତ୍ୟ ମଧ୍ୟରେ ଚଳାଚଳ ସହଜ ଓ ସ୍ୱଚ୍ଛନ୍ଦ - ମୁଁ ଓ ତୁମେ - ମଣିଷ ଓ ପରମ ପରସ୍ପର ପ୍ରବିଷ୍ଟ ଓ ସଞ୍ଚରଣଶୀଳ - ପ୍ରାୟ ବିନିମୟ ଧର୍ମୀ। ପରମ ପାଇଁ ମଣିଷ ହୃଦୟ ତୃଷାର୍ତ୍ତ, ଆଉ ମଣିଷର ପ୍ରେମ ନ ପାଇଲେ ପରମଙ୍କର ସବୁ ଅଚଳ - ତେଣୁ ପାରସ୍ପରିକ ଆକାଙ୍କ୍ଷା ଓ ସଂଧାନ ଅବ୍ୟାହତ ଥାଏ। 'ଅଧା ଅଧା ନକ୍ଷତ୍ର'ର 'ନକ୍ଷତ୍ରର ସ୍ୱପ୍ନ'ରେ କବି ସୂଚାଇଛନ୍ତି, "ମଣିଷର ସ୍ୱପ୍ନ ଭିତରେ ବଂଚିରହିବାକୁ ନକ୍ଷତ୍ରର ବି କମ୍ ଲୋଭ ନୁହେଁ।" "ନକ୍ଷତ୍ର ଚାହେଁ ଧୂଳିକଣା ହୋଇ ବିଛେଇ ହୋଇ ଯିବାକୁ - ଧୂଳି ଚାହେଁ ହେବ ତନ୍ମୟ - ମଣିଷ ପୂର୍ଣ୍ଣତା ଆସ୍ୱାଦିବ, ଅମରତ୍ୱର ସ୍ପର୍ଶ ପାଇବ - ଯାତ୍ରା ଉଭୟମୁଖୀ - ଯାଚଞ୍ଚା ବି ଉଭୟମୁଖୀ - ପୂର୍ଣ୍ଣତାକୁ ବାଣ୍ଟିନେବେ ଅଧା ଅଧା। ଅବଶ୍ୟ ଯେଉଁ ସମ୍ବନ୍ଧ ସୂତ୍ରରେ 'ମୁଁ' ଓ 'ତୁମେ' ଏମିତି ସଂଶ୍ଳିଷ୍ଟ ତାହା ତତ୍ତ୍ୱଗତ ନୁହେଁ କି ଆମ ଜଗତର ସ୍ଥୂଳ ନିର୍ମମ ବାସ୍ତବାନୁଗତ ନୁହେଁ, ମୂଳତଃ ବ୍ୟକ୍ତିଗତ ଅନୁଭୂତି ବୋଲି ସତ୍ୟ ଓ ସାର୍ଥକ। କାଳୋତ୍ତୀର୍ଣ୍ଣ ଭିନ୍ନ ଏକ ବୃହତ୍ତର ବାସ୍ତବତାରେ କବି ଆମକୁ ଉପନୀତ କରାଇ ଦିଅନ୍ତି, ଯେଉଁଠି ଆଲୋକର ଅନୁପସ୍ଥିତିରେ ଅଂଧକାର ଘୋଟେ ନାହିଁ - "ନ ତତ୍ର ସୂର୍ଯ୍ୟୋଭାତି ନ ଚନ୍ଦ୍ର ତାରକମ୍।" ଅନ୍ଧାର ଧବଳ। କାଳ ନିତ୍ୟକାଳ। ଆତ୍ମାରୁ ପୋଛି ହୋଇଯାଏ ସେଠାରେ ସବୁ କୁହୁଡ଼ି, ମଲ୍ଲୀମାଳାରେ ସଜ୍ଜୀଭୂତ ହୋଇଯାଏ ଅନ୍ତଃସ୍ଥଳ (ତୁମକୁ ପାଇ ଯିବାମାନେ) ପ୍ରଗାଢ଼ ସୁଗନ୍ଧଟିଏ କି ଗୀତର ଲହରଟିଏ ହୋଇଯାଏ ମଣିଷ, ଆଉ କ୍ରୀଡ଼ାଶୀଳ ଅଦୃଶ୍ୟ ସତ୍ତା ମୁହୁର୍ମୁହୁଃ ଆବିର୍ଭାବ ଅନ୍ତର୍ଦ୍ଧାନ ଲୀଳା ରଚନା କରି ତାହା ସହିତ ଖେଳନ୍ତି। ମଝିରେ ମଝିରେ ଆସେ ବାର୍ତ୍ତା - ଡାକ (ଖୋଜୁଛ ମତେ) ଶୁଣାଯାଏ ଅନୁଚ୍ଚ ସ୍ୱର (ସ୍ୱର), ବଂଶୀଧ୍ୱନି କି ପଦପାତ। ପୂର୍ଣ୍ଣତା ଏଇ ହାତ ପାଖରେ। ଏଇ ଯେମିତି ମିଳିଯିବ। କବି କବି। ସେ ଯୋଗୀ ନୁହନ୍ତି କି ଋଷି ନୁହନ୍ତି ଯେ, ଏଇ ଅମର୍ତ୍ତ୍ୟ ବାସ୍ତବତାକୁ ଚିରସ୍ଥାୟୀତ୍ୱ ଦେଇ ପାରିବେ। ତାଙ୍କ ଚେତନାର ସୀମା ଅଛି।

ଅପରିବର୍ତ୍ତନୀୟ ପୂର୍ଣ୍ଣତାର ସ୍ୱାଦ ମୁହୂର୍ତ୍ତକ ପାଇଁ, ପରେ ପରେ ତିକ୍ତ ସ୍ୱାଦ। ମଣିଷର ଅସ୍ତିତ୍ୱ ବିରହବୋଧ ଦ୍ୱାରା ଗଢ଼ା, ସେ ପରମ ସହିତ ବ୍ୟବଧାନ ଘୁଂଚାଇବାକୁ ଅନନ୍ତ ବ୍ୟଗ୍ରତା ପୋଷଣ କରେ, ମାତ୍ର ମିଳନର ସମ୍ଭାବନା ଦେଖି ମଧ୍ୟ ଦେଖି ନାହିଁ। ମର୍ତ୍ତ୍ୟ ସମୟର ଉପଦ୍ରବ ଅନତିକ୍ରମ୍ୟ। ସଂସାର ଅନୁତ୍ତାର୍ଯ୍ୟ। ଅସ୍ତିତ୍ୱ ଅପ୍ରତିକାର୍ଯ୍ୟ। ତା'ର ପ୍ରିୟତମ ତେଣୁ 'ଶବରୀ'ର ଶ୍ରୀରାମଙ୍କ ପରି ଅବିରାମ ଭାବରେ ଆସନ୍ନ ହୋଇ ମଧ୍ୟ ପ୍ରାୟ ଆଗତ ହୁଅନ୍ତି ନାହିଁ। ଅନାଗତ ଅବଧାରିତ ବରଂ। ମଣିଷ ପାଇଁ ତେଣୁ ଦିବ୍ୟାନଂଦ ଅମୃତଲହରୀ ବେଶୀକ୍ଷଣ ସ୍ଥାୟୀ ତ ହୁଏ ନାହିଁ, ଚୈତନ୍ୟର ଚକିତ ଉଦ୍ଭାସନରେ ନିମିଷେ ଝଲସି ଉଠି ତାହା ପଲକେ ଅନ୍ତର୍ହିତ ହୁଏ। ସୁଗୋଲ ପରିପୂର୍ଣ୍ଣତା ସୁଦୁର୍ଲଭ ବସ୍ତୁ – human kind/Can not bear very much reality। ସବୁ ଅଧା ଅଧା। ପୂର୍ଣ୍ଣତା ପ୍ରତ୍ୟାଶିତ – କିନ୍ତୁ ଅନୁପସ୍ଥିତ। ତେବେ ପ୍ରାପ୍ତି କିଛି ନାହିଁ କହିଲେ ଭୁଲ ହେବ। ସମୁଜ୍ଜ୍ୱଳ ନକ୍ଷତ୍ର ପ୍ରାନ୍ତରେ ପହଞ୍ଚାଇ ଦେଇ କବି ଯେତେବେଳେ ମଣିଷକୁ ଫେରସ୍ତ ପଠାନ୍ତି କ୍ଷୁଦ୍ର କ୍ଷୁଦ୍ର ମମତ୍ୱବିଦ୍ଧ କାଳାକ୍ରାନ୍ତ ଧୂସର ଜଗତକୁ, ସେତେବେଳେ ମଣିଷ ଆଉ ପୂର୍ବର ସେହି ମଣିଷ ହୋଇ ନ ଥାଏ, ସେ ନକ୍ଷତ୍ରର ସ୍ୱାକ୍ଷର ବହନ କରି ଆସିଥାଏ। ଜ୍ୟୋତିର୍ମୟ ହୋଇ ଉଠିଥାଏ। ଏଠାରେ ଅସଫଳତା ଅବଧାରିତ ନିୟତି, କିନ୍ତୁ ସେହି ଅସଫଳତାଠାରୁ ମଧୁରତମ ବସ୍ତୁ ଆଉ କିଛି ଅଛି କି ? ନାହିଁ। (ଯିବାକୁ ହେବ) ପାହାନ୍ତି ଟି ବଣ୍ଟା ସରିଥାଏ ହୃଦୟରେ ଉଦୟୋତ୍ସବ ପ୍ରତ୍ୟାସନ୍ନ; କବି କିନ୍ତୁ ପୂର୍ଣ୍ଣଚନ୍ଦ୍ର ଖୋଜନ୍ତି ନାହିଁ, ଖଣ୍ଡିତ ଅଭିଜ୍ଞତା ଯଥେଷ୍ଟ। ଦ୍ୱନ୍ଦ୍ୱ, ଚାଞ୍ଚଲ୍ୟ ଓ ଅସ୍ଥିରତାରେ ତାଙ୍କର ଆନଂଦ। ଆନଂଦର ଧନକୁ ପୂରା ନ ପାଇ ପାଆନ୍ତି – ଆଉ ହରାନ୍ତି ବାରମ୍ବାର ନୂଆ କରି ପାଇବାକୁ – ଏମିତି ଆଲୋକ ଆନଂଦର ଧାରାଟି ଅବ୍ୟାହତ ରହିଲେ ତଦ୍ଦ୍ୱାରା ବାରମ୍ବାର ଧୌତ ଓ ସ୍ନାତ ହୋଇ ସେ ଉଜ୍ଜ୍ୱଳନ୍ତ ହୋଇ ଉଠନ୍ତି। ଫାଳେ ଜହ୍ନ କି ଅଧା ନକ୍ଷତ୍ର ହେବାକୁ ସେ ଅତିକ୍ରମଣ ପରେ ପ୍ରତ୍ୟାବର୍ତ୍ତନକୁ ଅବଧାରିତ ବୁଝନ୍ତି। ପ୍ରତ୍ୟାବର୍ତ୍ତନ ହୀନ ଆନଂଦ ବିସ୍ମୟ ନିଷ୍ପନ୍ଦ ତାଙ୍କ ପାଇଁ – "ମଣିଷ ହ୍ରସ୍ୱ, ତେଣୁ ସେ ଅର୍ଦ୍ଧକର ଆଧାର ମାତ୍ର।" ପୂର୍ଣ୍ଣତାର ଆଧାର ହେବାକୁ ସେ କ୍ଷମ ନୁହେଁ କେବେ। ଆତ୍ମଦର୍ଶୀ ମନନ ଓ ରୂପସୃଷ୍ଟିକ୍ଷମ ଭାଷାରେ କବି ପ୍ରତିଭା ଦେବୀ ନିଜର ବିଶେଷ ଏହି ଆବେଗାନୁଭୂତିକୁ ପାଠକ ମନରେ ସଞ୍ଚାର କରି ଦେଇ ପାରନ୍ତି, ତାହାରି ଚାଞ୍ଚଲ୍ୟ ଓ ଆନଂଦ ବେଦନା ମଧ୍ୟରେ ପାଠକ ନିଜ ପ୍ରାଣରେ ଶାଶ୍ୱତର ସଂଧାନ ପାଏ, ଅଧା ନକ୍ଷତ୍ର ପାଲଟିଯାଏ, ସ୍ୱଭାବର ଊର୍ଦ୍ଧ୍ୱକୁ ଉଠିବାକୁ ସମୁଦ୍ୟତ ରହେ ଅତୀତ ଅନାଗତ ଭାବନା ମୁକ୍ତ ହୋଇ। 'ମୁଁ'ର ଆବରଣ ଘୁଂଚିଯାଏ, ଆଉ ଚିତ୍ତଭୂମିରେ ଅନନ୍ତ ପ୍ରତିଫଳିତ ହୁଏ, ହେଉନା ପଛେ ମୁହୂର୍ତ୍ତକ ପାଇଁ – ସେହି ନିମିଷଟି ଅକ୍ଷର।

ମଣିଷ 'ମୁଁ'ର ଅହଂ ସୀମା ଭିତରେ ବଡ଼ ହେବାକୁ ଚାହିଁଲେ ଆପେ ଆପେ ଛୋଟ ହୋଇଯାଏ। ଯୋଗ୍ୟ ହେବାକୁ ଉଦ୍ୟମ କଲେ ତାର ଅଯୋଗ୍ୟତାର ସୀମା ରହେ ନାହିଁ। ମଣିଷ କେବଳ ବଡ଼ ହୋଇପାରେ ସ୍ୱଭାବକୁ ଅତିକ୍ରମ କଲେ, ନିଜକୁ ନିଜ ଭିତରୁ ମୁକ୍ତ କରି ପାରିଲେ। ପ୍ରତିଭା ଦେବୀଙ୍କ କବିତାରେ ମଣିଷ ତାର ସ୍ୱଭାବଠାରୁ ବଡ଼। ସଂସାର କି ପ୍ରତିଦିନର କ୍ଷୁଧାତୃଷ୍ଣା କି ସୁଖଦୁଃଖ ତାହାର ଅନ୍ତରତମ ସ୍ୱାଧୀନତା କ୍ଷେତ୍ରଟିକୁ ଆବୃତ୍ତ କରି ପାରେ ନାହିଁ; ଆତ୍ମା ଭିତରେ ସେ ପରମାତ୍ମାଙ୍କ ସଂଧାନଟିକୁ ସଦା ସମୁଦ୍ୟତ ରଖେ, ଅପୂର୍ଣ୍ଣତାଠାରୁ ପୂର୍ଣ୍ଣତା ଦିଗରେ ଅଗ୍ରସର ହେବା ଆନଂଦ ସମ୍ବନ୍ଧରେ ଅବହିତ ଥାଏ। ପ୍ରବୃତ୍ତିକୁ ବା ସ୍ୱଭାବକୁ ଶ୍ରଦ୍ଧା ଓ ସମ୍ମାନ କରିନାହିଁ ଆମର ଆଧୁନିକତା, ପ୍ରବୃତ୍ତିକୁ ଲଜ୍ଜାକର ମନେ କରି ଅତିକ୍ରମି ଯିବାକୁ ଚାହିଁବା ଆଧୁନିକତା ନୁହେଁ। ତେଣୁ ପ୍ରତିଭା ଦେବୀଙ୍କ ଆଧୁନିକତାକୁ ଅନ୍ୟତ୍ର ଖୋଜିବାକୁ ହେବ। ଆଧୁନିକତା ଅଛି ତାଙ୍କର ମନନଶୀଳତାରେ। ମନନଶୀଳତା ଅର୍ଥ ଅବଶ୍ୟ ଦାର୍ଶନିକ ଚିନ୍ତାଭାବନା ନୁହେଁ; ମନନଶୀଳତା ହେଉଛି ଅନୁଭବର ଶାଣିତ ବ୍ୟବଚ୍ଛେଦ ଓ ଚେତନାର ପ୍ରତିମାନରେ ଅଭିଜ୍ଞତାର ମୂଲ୍ୟାଙ୍କନ। ପ୍ରତିଭା ଦେବୀଙ୍କ କବିସତ୍ତା ବଡ଼ ଆତ୍ମସଚେତନ। ବଡ଼ ସମ୍ବେଦୀ ବି। ଯୁଗପତ୍ ସେ ମନର ଦୁଇଟି ସ୍ତରକୁ ଦେଖିପାରେ। ଗୋଟିଏ ସ୍ତରରେ ବ୍ୟକ୍ତିମନ ପ୍ରବୃତ୍ତି ଜାତ ସୁଖଦୁଃଖରେ ନିମଜ୍ଜିତ ଥାଏ, ଅନ୍ୟସ୍ତରରେ ଚୈତନ୍ୟ ସେହି ଅସହାୟ ନିମଜ୍ଜନର ଦୃଶ୍ୟ ଦେଖୁଥାଏ ଓ ତାହାର ନିରର୍ଥକତା ବୁଝୁଥାଏ। ସେହି ଦ୍ୱୈତସତ୍ତାର ଉତ୍ସ ତାଙ୍କ ଆତ୍ମସଚେତନତା। ପ୍ରତିଭା ଦେବୀଙ୍କ କବିତାର 'ମୁଁ' ବା କାବ୍ୟନାୟକ ସମ୍ବେଦୀ ମଣିଷଟିଏ, ସେ ମୁଁ-ତ୍ୱକୁ ଅତିକ୍ରମ କରି ନିଜକୁ ଦେଖିବାକୁ ଚେଷ୍ଟା କରିଥାଏ; ଅର୍ଥାତ୍ ଦୂରରେ ଠିଆ ହୋଇ ନିଜକୁ ଅନାଇ ପାରେ। କ'ଣ ଦେଖେ ? ନିଜକୁ ନୂଆ କରି ଦେଖେ ଓ ସେହି ସୂତ୍ରରେ ସମାଜ, ଜୀବନ ଓ ପ୍ରକୃତି ଆଦି ସବୁ ଦେଖିଥାଏ। ତେଣୁ ଆତ୍ମସମୀକ୍ଷା ଓ ଜୀବନ ସମୀକ୍ଷା ଅନେକତ୍ର ପ୍ରତିଭା ଦେବୀଙ୍କର କବିକୃତ୍ୟ। ଏହି ଆତ୍ମଦର୍ଶୀ ମନନ ଓ ବାଂଗ୍‌ଭଂଗୀ ସେ ସେକ୍ସପିୟରଙ୍କ ନାଟକରେ ଆତ୍ମକଥନରେ ଲକ୍ଷ୍ୟ କରିଥିବେ। କବିଙ୍କ ଡାନ୍‌ତେ କବିତାରେ ବି ଏହି ଚେତନା ଓ ରୀତିର ସୁସମୃଦ୍ଧ ପ୍ରୟୋଗ ଅଛି। ବିଂଶ ଶତାବ୍ଦୀର ଅଧିକାଂଶ ଆଧୁନିକ କବି ଏହି ଚେତନା ଓ ରୀତିକୁ ସ୍ୱୀକାର କରିଛନ୍ତି। ନିଜଠାରୁ କିଛି ଦୂରରେ ଠିଆହୋଇ ନିଜକୁ ଦେଖିଲେ ନିଜ ରୂପ କିପରି ଦିଶେ ? କେଉଁ ପ୍ରତିକୃତି ସମ୍ମୁଖରେ ଉଭା ହୁଏ ? କେଉଁ ଛବି ଫୁଟି ଉଠେ ? ରେଖା ବିସର୍ପିଳ। ରଙ୍ଗ ବିମିଶ୍ର। ବେଳେବେଳେ ଦିଶେ ଅପୂର୍ବ ସାହାଡ଼ା ସୁନ୍ଦରୀ-ଅନ୍ୟ ବେଳେ ବୁଢ଼ା ସାହାଡ଼ା ଗଛ। ବେଳେବେଳେ ଦିଶେ ସଦ୍ୟ ଦେବ ଶିଶୁ ପରି, ପରେ ପରେ ଜନ୍ତୁଠାରୁ ବି ବେଶି ବଣ୍ୟ। ଏଇ ଜୀବନପ୍ରେମୀ

ତ ଏଇ ଜୀବନବିମୁଖ। ବେଳେବେଳେ ମନେ ହୁଏ 'ମୁଁ ଚରମ ଦାନ' – ବଦାନ୍ୟତାର ସୀମା ନାହିଁ, ପରକ୍ଷଣରେ କୃପଣତା ପରମ (ନାୟିକା), ମଝିରେ ମଝିରେ ଭାବେ ସେ ପ୍ରଗାଢ଼ ସୁଗଂଧଟିଏ (ନଦୀ), କ୍ଷଣପରେ ଆବିଷ୍କାର କରିଥାଏ 'ଅଧୁଆ ନଳାପରି ଦୁର୍ଗନ୍ଧ ଉଠେ ଦେହରୁ।' (ଧବଳ ଅଂଧାର) ପାଖକୁ ପାଖ ପ୍ରତିସ୍ପର୍ଦ୍ଧୀ ଭାବରେ ଠିଆ ହୋଇଥାନ୍ତି ଆସକ୍ତି ଓ ବୈରାଗ୍ୟ, ଆତ୍ମଶ୍ଳାଘା ଓ ବିନମ୍ରତା ବା ଆତ୍ମଅବଜ୍ଞା, ସତ୍ୟବ୍ରତୀର ଆତ୍ମଦ୍ୱନ୍ଦ୍ୱ ଓ ସତ୍ୟର ଭାନ, ପୂର୍ଣ୍ଣତାର ଅଭିସାର ଓ ଅସଂପୂର୍ଣ୍ଣ ଜୀବନର କ୍ଲେଦ, ପ୍ରକଂପିତ ଉଦ୍ଦୀପନା ଓ ହତୋତ୍ସାହର ବିଷାଦ ଓ ଅପ୍ରସନ୍ନତା। ଲକ୍ଷ୍ୟ କରେ "ବେଳେବେଳେ ଶାଢ଼ି କୁଞ୍ଚରେ ମହାନଦୀର ଢେଉ/କଣ୍ଠିମାଳରେ ଗୋଟି ଗୋଟି ତାରା ଗୀତରେ ଲୁହ ଓ ସ୍ନେହ (ବିନା ସ୍ୱପ୍ନରେ) ଆତ୍ମ ପ୍ରଦର୍ଶନ ଆତ୍ମପ୍ରସାଦର; ଆଉ କେତେବେଳେ ବିଷଣ୍ଣତା ଓ ଅପ୍ରସାଦ ପ୍ରବଳ – ହାଡ଼ର ମଳିନ ରୂପା ଅଳଙ୍କାରକୁ/ ରଫୁକରା ରକ୍ତ ମାଂସର ପାଟଶାଢ଼ିକୁ ମାଜିବା ସାଜିବା ପାଇଁ ବେଳ ନ ଥାଏ କି ଆଗ୍ରହ ନ ଥାଏ (ଯିବାକୁ ହେବ) – ସେ ଯେମିତି ପ୍ରାଚୀନ, ସେମିତି ବି ନିତ୍ୟ ନୂତନ – ପ୍ରତ୍ୟହ ସେ ଋତୁମତୀ ପ୍ରତ୍ୟହ ସେ ପଳିତା ବିଲୀନା। (ଶବରୀ) ବେଳେବେଳେ ବୁଝେ ବଂଚିବାର ଅର୍ଥ ଅଛି, ପୃଥିବୀ ଅନୁରୂପା, ମଣିଷ ସ୍ନେହ ବଂଧୁତ୍ୱ ଓ ନିସ୍ୱାର୍ଥ ପ୍ରୀତି ଜରଜର ତାର ଚିନ୍ତା ଓ ସୃଜନଶୀଳତା ଐଶ୍ୱର୍ଯ୍ୟବନ୍ତ, ପରେ ପରେ ଦେଖାଦିଏ ନିରର୍ଥକତା, ବିରାଗ, ଏକାକୀତ୍ୱ ଓ ନିସଙ୍ଗତା, ପଣ୍ୟ ଜୀବନର ସଙ୍କୋଚନ ଓ ପ୍ରେମ-ଦବାନବା/ସେଇଠି ହୁରି ପଡ଼ିଛି ଭଲ ପାଇବା ଭଲ ପାଇବା (ଭଲ ପାଇବା)। ବେଳେବେଳେ ଭାବେ ସେ, ରୂପ ତାର ଶ୍ରୀବନ୍ତ। କୃତିତ୍ୱ କମ୍ ନୁହେଁ, ପୃଥିବୀରେ ତା'ର ଭୂମିକା ବି ତୁଚ୍ଛ ନୁହେଁ, ପରକ୍ଷଣରେ ଦେଖେ ନିଜର କୁଶ୍ରୀତା, ଅପାରଗତା ଓ ଅପଦାର୍ଥତା। ସେଇଥିପାଇଁ ଯେ କୌଣସି ଆଧୁନିକ କବିଙ୍କ ପରି ପ୍ରତିଭା ଦେବୀ ସମାଜ ଓ ଶାସନ ବିରୋଧରେ ପ୍ରାୟ ବିଦ୍ରୋହ କରନ୍ତି ନାହିଁ। ଆତ୍ମ ବିରୋଧର ସମ୍ମୁଖୀନ ହୁଅନ୍ତି ବରଂ ପଦେ ପଦେ। କରି ବୋଦଲେୟାରଙ୍କ ପରି ସେ ଆତ୍ମ ପ୍ରତିହିଂସା-ପରାୟଣ ନୁହନ୍ତି ଅବଶ୍ୟ। କିନ୍ତୁ ନିଜକୁ ଉପହାସ କରିବାକୁ ଛାଡ଼ନ୍ତି ନାହିଁ। ଆତ୍ମ ଉପହାସ କରିବା କ୍ଷମତା ତାଙ୍କ ଅନାଚ୍ଛନ୍ନ ଚେତନାର ପ୍ରମାଣ। ତଦ୍ୱାରା ସେ ଆତ୍ମବଂଚନା ହାତରୁ ରକ୍ଷା ପାଇଥାନ୍ତି, ବିବସ୍ତ୍ର ବାସ୍ତବକୁ ଚିହ୍ନନ୍ତି, ନିଜକୁ ଏଇଲେ କ୍ଷମା କରନ୍ତି ତ ଏଇଲେ କ୍ଷମା କରି ପାରନ୍ତି ନାହିଁ। (ସବୁ କିଛି ଭଲ ପାଇ) ଅନୁଭବ ମିଶ୍ର। ଏକାଘଟରେ ରହି ପାରନ୍ତି କରୁଣା ଓ ନିଷ୍ଠୁରତା, ଅନୁକଂପା ଓ ଅଭିସଂପାତ, ଆତ୍ମଶ୍ଳେଷ ଓ ଆତ୍ମ ପ୍ରସାଦ, କ୍ଷୀଣ ଦୃଷ୍ଟି ଓ ଖରଦୃଷ୍ଟି। କବିଙ୍କ ରସବୋଧର ପରିସୀମା ବେଶ୍ ବିସ୍ତୃତ। ଆତ୍ମମୁଖୀନତାକୁ ଅତିକ୍ରମ କରି ନିଜକୁ ଅନ୍ୟ ବ୍ୟକ୍ତିତ୍ୱଭାବରେ ଦେଖିବାର କଳ୍ପନା ଶକ୍ତି ବି ପ୍ରଖର। ଜୀବନର

ସତ୍ୟ ବଡ଼ କଠିନ। ତାହାର ସମ୍ମୁଖୀନ ହୁଅନ୍ତି ସେ। ମିଛ ସ୍ୱପ୍ନ ଘେନି ମନଗଢ଼ା ସଂସାରରେ ନିଜକୁ ଭୁଲାଇ ରଖିବାର ଇଚ୍ଛା ତାଙ୍କର ନାହିଁ। ଯାହା ନାହିଁ ତାହା ଅଛି ବୋଲି ସେ ଆମ ପରି ଭାବନ୍ତି ନାହିଁ। ଦୃଷ୍ଟି ନିବଦ୍ଧ ରଖନ୍ତି ଭୂମାରେ। ଜୀବନ ପ୍ରତି ଅଭିମାନ ପ୍ରବଳ। ଅଥଚ ଜୀବନକୁ ସେ ପ୍ରତ୍ୟାଖ୍ୟାନ କରନ୍ତି ନାହିଁ। ଜୀବନକୁ ବରଂ ଅର୍ଥାନ୍ୱିତ କରିବାକୁ ସଦା ଯତ୍ନଶୀଳ। ଅମୃତ ଅଭୀପ୍ସା ଉନ୍ମୁଖ। କିନ୍ତୁ ଭୂମିକା ନମ୍ର। ଯେଉଁ ଆତ୍ମାର ସେ ପ୍ରକାଶ, ଅନୁଭବରେ ତାର ଆବିର୍ଭାବ ଘଟେ ପ୍ରାୟ କବିତାରେ। ସେ ଧୂଳି ନିଶ୍ଚୟ, କିନ୍ତୁ କିଛି କମ୍ ତନ୍ମୟ ନୁହନ୍ତି। ସେ କବିତା ଲେଖନ୍ତି, ପ୍ରାତ୍ୟହିକ ଜୀବନର ବ୍ୟଥା ବେଦନା, ଆଶା ନିରାଶା ଓ କ୍ଳାନ୍ତି ଅବସାଦ ମଧ୍ୟରେ ଥାଇ ମଧ୍ୟ ସେଥିରେ ଆତ୍ମମୁଖୀ ଏକ ପ୍ରତୀକ୍ଷାକୁ ଅଭିବ୍ୟକ୍ତି ଦେଇଥାନ୍ତି।

କବିଙ୍କ ଈଶ୍ୱର ଅନ୍ୱେଷଣ ଅର୍ଥ ସବୁବେଳେ ଆତ୍ମୋପଲବ୍ଧି। ଆତ୍ମବିକାଶ ଓ ଆତ୍ମବ୍ୟାପ୍ତି - ଚିରନ୍ତନ ଅଥଚ ପୁନର୍ନବ ଏହି ଅନ୍ୱେଷଣ କ୍ଷେତ୍ରରେ ମଣିଷର ବିକଶିତ ହୋଇ ଉଠିବାର କିନ୍ତୁ ସୀମା ଅଛି - ପରମ ଉନ୍ମୁଖତାରେ ତାର ଅବଧି ଅଛି - ଅର୍ଦ୍ଧେକ ରହିବ ମାଟିରେ, ଅପରାର୍ଦ୍ଧ ଊର୍ଦ୍ଧ୍ୱରେ; ଧୂଳି ହେବ ତନ୍ମୟ ମାତ୍ର। କବି ପାଠକ ମାନଙ୍କ ସହିତ ଦିବ୍ୟ ସ୍ୱପ୍ନ ଓ ସମ୍ଭାବନାଟିକୁ ଅଧା ଅଧା ଭାଗ କରି ଭୋଗିବାକୁ ପ୍ରସ୍ତୁତ - ଅବଶ୍ୟ ଯେ କୌଣସି ପାଠକ ଏହି ଉପଲବ୍ଧିର ତାତ୍ପର୍ଯ୍ୟ ବୁଝିବେ ନାହିଁ। ସମଧର୍ମୀ ପାଠକ ଲୋଡ଼ା। କବିତା ତ ଧର୍ମ ବିଶ୍ୱାସ ଭଳି ବ୍ୟାପାର, ତାହା ସେହିମାନଙ୍କୁ ଆଲୋକିତ କରିବ ଯେଉଁମାନେ ସେଥିରେ ବିଶ୍ୱାସୀ। ସେହିମାନେ ନିଜକୁ ଦେଖି ପାରିବେ ଅନନ୍ତ ଐଶ୍ୱର୍ଯ୍ୟର ଅଲୌକିକ ମହିମାରେ। ଆଧୁନିକ ଗ୍ରୀକ ସାହିତ୍ୟର ମହତ୍ତମ ପ୍ରତିଭା କବି ନିକସ୍ କାଜାନତ୍ ଜାକିସ Nikos Kozantzakis (1883-1957) ବିଶ୍ୱାସ କରନ୍ତି ଆମ ମନ୍ତ୍ରଦ୍ରଷ୍ଟା ଋଷିଙ୍କ ପରି, Man can contact the source power, meaning and purpose in himself and rise above his apparently tragic predicament. ମଣିଷକୁ 'a useless passion' କହିବା ଅପରାଧ। ପ୍ରତିଭା ଦେବୀଙ୍କ ମଣିଷର ସେହି ସାମର୍ଥ୍ୟ ଅଛି, ତାଙ୍କର ଧୂଳି ତନ୍ମୟ ହୋଇପାରେ। ତାଙ୍କ ଅଷ୍ଟାବକ୍ର ବି କହିପାରେ, "ମୁଁ ମୁଁ କି ଚମତ୍କାର, ମୋତେ ମୋର ନମସ୍କାର" (ଅଷ୍ଟାବକ୍ରର ସଂହତି)। ଯାହା ଅଙ୍ଗର ଆଠଟି ସ୍ଥାନରେ ବିକୃତି ଥିବ ସେବି ହୋଇ ଉଠିବ ଅପୂର୍ବ ଓ ଅନୁପମ - ସୁନ୍ଦରତମ। ସେ ଯେ କୌଣସି ବ୍ୟକ୍ତି ନୁହେଁ, ସେ ହେଉଛନ୍ତି ସେ ହିଁ 'ମୁଁ' ଯିଏ ଏକାଘଟରେ 'ତୁମେ'। ଯେତେବେଳେ ଜଣେ ଓଡ଼ିଆ କବି ମଣିଷ ଜୀବନର ଯଥାର୍ଥ ମର୍ଯ୍ୟାଦା ବୁଝିଛନ୍ତି, ଏହା ଅତ୍ୟନ୍ତ ଆନନ୍ଦର କଥା, ମୋକ୍ଷ ନୁହେଁ, ମୁମୁକ୍ଷୁତ୍ୱରେ ହିଁ ମନୁଷ୍ୟତ୍ୱ।

ମାୟାଲୋକ, ଗୋଧୂଳି ଲେନ୍, କଟକ

ବିନ୍ୟାସକ୍ରମ

ନାୟିକା	୨୫
ଶବ୍ଦର ଯାଦୁକର	୨୮
ବିନିମୟ	୩୧
କେନ୍ଦ୍ରବିନ୍ଦୁରେ ହିଁ...	୩୩
ଘୋରତର ଇନ୍ଦ୍ରଧନୁ	୩୫
ଟାଣିନେଉଚ କୁଆଡ଼େ	୩୮
ଶୂନ୍ୟର ଅଧୀଶ୍ୱରୀ	୪୧
ପ୍ରସ୍ଫୁଟିତ ଅଭାଗ୍ୟ	୪୪
ବକ୍ର ଆଶ୍ଳେଷ	୪୭
ନଦୀ	୫୧
ଭୋର୍ ବେଳାରେ	୫୭
ଚନ୍ଦ୍ରାଲୋକ	୫୯
ଶାମୁକା	୬୨

ଅନଧିକାର	୬୪
ପଳାତକ	୬୯
ଧବଳ ଅନ୍ଧାର	୭୨
ସତମିଛ ବୁଝିପାରେନା	୭୪
ଶୂନ୍ୟ ପ୍ରତିମା	୭୬
ପ୍ରଗାଢ଼	୭୮
କାଲି ସକାଳେ	୮୦
ଯିବାକୁ ହେବ	୮୩
ପୂର୍ଣ୍ଣତା	୮୫
ବିନା ସ୍ୱପ୍ନରେ	୮୭
ତୁମକୁ ପାଇଯିବା ମାନେ...	୮୯
ଆରକୂଳରେ କିଏ ?	୯୨
ବତୀଘର ମଝିରେ	୯୪
ସ୍ୱାକ୍ଷର	୯୬
ସିଂହାସନ	୯୯
ଭଲପାଇବା	୧୦୧
ଫିଙ୍ଗିହୁଏନା	୧୦୨
ଖୋଜୁଚ ମତେ ?	୧୦୪
ଚିତ୍ରକର	୧୦୭
ସାଧାରଣ କଥା	୧୦୯
ସାକ୍ଷୀ	୧୧୨
ସବୁକିଛିକୁ ଭଲପାଇ	୧୧୪
ଫେରିଯିବା ତା'ହେଲେ	୧୧୬

ନାୟିକା

ଶୁଣ,
ଅନ୍ୟ କାହାରି ହାତରେ
କେବେ ନୁହେଁ
ନିଜ ହାତରେ ମୁଁ
ଭୋଗେ ନିର୍ଯ୍ୟାତନ
ନିଜେ ହୁଏ ଜାଲ
ନିଜେ ଛନ୍ଦି ବାନ୍ଧିହେଇ
କଲବଲ ହୁଏ।

ନିନ୍ଦା, ଅପଯଶ
ଆକୁଳତା, ହାହାକାର
ନିଜେ ଡାକି ଆଣେ
ନିଷ୍ଠୁରତା, ପ୍ରତାରଣା
ମିଛର ମୁହାଁସ
ସାମ୍ନାକୁ ଡେଇଁପଡ଼େ ମୁଁ
ପଞ୍ଚପ୍ରାଣ ଫୁଟେ
ଗଳଗଳ ରକ୍ତବୁହେ
ସେ ରକ୍ତନଦୀର ଧାର
ତଡ଼ିନେଇ ଯାଏ
ଥାତି ମୋର
ସୂକ୍ଷ୍ମତମ ପରିଧାନରେ ତଥାପି
ମୁଁ ଆବୋରି ବସେ ସିଂହାସନ
ନିପଟ ରତ୍ନର।

ପୁରୁଷ -
ଭିକ୍ଷୁକ, ଚଣ୍ଡାଳ କେବେ
କେବେ ରାଜେଶ୍ୱର,
କେବେ ଅବା
ଆବିଷ୍ଟ ସନ୍ନ୍ୟାସୀ ହୋଇ
ଠିଆ ହୁଏ
ସେ ସିଂହାସନର
ନିକଟତମ ଭୂମିରେ
ସ୍ୱଇଚ୍ଛାରେ।

ମୁଁ ପରମ କୃପଣତା
ମୁଁ ଚରମଦାନ
ଗୋଟିଏ ବିନ୍ଦୁରେ
ସମସ୍ୟା ଓ ସମାଧାନ

ରକ୍ତାକ୍ତ କ୍ଷତରୁ
ମିଳିଥିବା ଅଧୀର ଆନନ୍ଦ ପରି
ମୂଲ୍ୟବାନ
ନିଜେ ଲୀଳା
ନିଜେ ଶ୍ରେୟଗୁଣ।

ନାୟିକା ମୁଁ
ମୁଖ୍ୟା, ମୁଁ ଅନନ୍ୟା
ଧ୍ୱଂସ ପ୍ରବୃତ୍ତ କାଳର ବିପକ୍ଷରେ
ସ୍ପର୍ଦ୍ଧାକରେ
ପ୍ରତିଟି ଉଚ୍ଚାରଣକୁ ଅପାଙ୍ଗରୁ
ମୋର
ହସରୁ ଠାଣିରୁ
ଆଦରରୁ ଆହ୍ଲାଦରୁ

ଅଭିମାନରୁ କ୍ରୋଧରୁ
ଏପରିକି
ମୋର କଠୋରତମ ଈର୍ଷାରୁ
ଜନ୍ମନିଏ
ମହାକବିଟିଏ।

ଶବ୍ଦର ଯାଦୁକର

ତୁମେ କ'ଣ ଶବ୍ଦର ଯାଦୁକର
ନା ଶବ୍ଦର ସଂହାରକ
କୃତାନ୍ତ, କାଳ ?

ମୁଁ କେମିତି ଜାଣିଥାନ୍ତି
ତୁମରି ପ୍ରଶ୍ନର
କିଛି ବି ଉତ୍ତର
କେବେ ଦେଇହେବ ନାହିଁ
ଏପରି ଅଦ୍ଭୁତ ଭାବେ
ଶବ୍ଦମାନେ ପୃଷ୍ଠଭଙ୍ଗ ଦେବେ...

ବିଭୂଷିତା ଉତ୍କଣ୍ଠିତା ନାୟିକା ସମାନ
ଛୁଟିଆସି
ଓଠର ଏରୁଣ୍ଡିଠାରେ
ଥମ୍‌କି ଠିଆହେବେ
କମ୍ପୁଥିବେ
କାନ୍ଦ କାନ୍ଦ ହେଉଥିବେ
ଅଥଚ ନିଜର
ଅବାନ୍ତରତା ଲାଜରେ
ପାଲଟି ଯିବେ ଶେଷକୁ
ଗଛ କି ପଥର !

ଆଜିଯାଏ ତ ମୁଁ
ଶବ୍ଦଙ୍କର ନାନାବିଧ ଚିତ୍ରିତ ଜାଲରେ
ଆକାଶକୁ ଛନ୍ଦୁଥିଲି
ପୁଣି ଇଚ୍ଛାହେଲେ
ମୁକୁଳାଇ ଦେଉଥିଲି
ପକ୍ଷୀପରି
ଶବ୍ଦଙ୍କୁ ଉଡ଼ାଇଦେଇ
ଅନ୍ତରୀକ୍ଷ ସୀମାରେ
ନିଜର ବିବିଧ ଅନୁଭବକୁ
ସଂପ୍ରେଷିତ କରି ଦେଉଥିଲି ।

ତୁମଠାରୁ ପ୍ରଶ୍ନଟିଏ ଛୁଟିଆସି
ଚେତନାର ଦ୍ୱାରଦେଶ ମୋର
କରାଘାତ କଲା ପରେ ପରେ
ରଚିତ ଶବ୍ଦମାନଙ୍କ ଅର୍ଥହୀନତା
ଓ ସେହି ଅର୍ଥହୀନତାକୁ
ଗୋପନ ରଖିବା ପାଇଁ
ପୃଥିବୀର ଯେତେକ କୌଶଳ
ମୋ ହାତରେ ଧରାପଡ଼ିଗଲା ।

ଶବ୍ଦଙ୍କର
ଏପରି ନିପଟ ମୂକତ୍ୱକୁ
ମୁଁ ବା କେଉଁପରି ଡେଇଁଯିବି
ତୁମ ଅଧୀର ପ୍ରଶ୍ନର
ସମ୍ମୁଖୀନ ହେବି ?
ହେ ଶବ୍ଦର ସଂହାରକ
ମୋ ପ୍ରେମିକ
ମୋ ପରମକାଳ
ମୁଁ କେତେ ଚାହୁଁଚି ଆଜି

ଉଚ୍ଚାରିବି ଶବ୍ଦଟିଏ
ଅବଶିଷ୍ଟ ଆୟୁଷ ବିନିମୟରେ
ଯାହାହବ ଯଥାର୍ଥ ଉତ୍ତର,
ଯାହାପରେ ଆଉ କିଛି
କହିବାର ପ୍ରୟୋଜନ ନଥିବ
ଲାଜରେ ମରିବାର ନଥିବ
ଏ ଜୀବନସାରା
କହିବା ନ କହିବାର
ହନ୍ତସନ୍ତ ସୋହାଗରେ
ଦିଗ୍‌ଭ୍ରଷ୍ଟ ମୋ ହୃଦୟର
ଦଣ୍ଡଭୋଗ ଶେଷ ହୋଇଯିବ।

■

ବିନିମୟ

ସମୟ ନାହିଁ।
ତୁଚ୍ଛତାକୁ ଜାବୁଡ଼ି ଧରି
ନିରର୍ଥକ କୋଳାହଳରେ ବୁଡ଼ି
ଅପନ୍ତରାରେ ଭୁଆଁବୁଲି
ବିତିଯାଇଛି ମୋର ଜୀବନକାଳ।

ଅଲକ୍ଷିତରେ ଖସିପଡ଼ିଚି କାନ୍ଧରୁ
ନୀଳଲୋହିତ ଉତ୍ତରୀ
ନୂତନବର୍ଣ୍ଣରେ ବିଭୂଷିତ
ହୃଦୟର ସଂଗୀତଲହର
ଫିଟିଆସିଲା ବେଳକୁ, ଆଜି,
ଆକାଶ ସାରା ଲିଭିବ ଲିଭିବ ହେଇ
ଲାଖି ରହିଚି ଗୋଧୂଳି...
ଆଉ ସମୟ ନାହିଁ।

କହ ପଦଟିଏ କହ
ଚାହଁ ଥରଟିଏ ଚାହଁ
ନିଅ ନବତନ ଅଭିଷେକର କହ୍ଲାର
ଅନଶ୍ୱର ସୁଗନ୍ଧ ଯାହାର
ଭିଜାଇ ଦେଉଚି
ମୋର କରତଳ।

ଏବେ ସବୁ କହିଦେବାର ବେଳ
ନିଭୃତତମ ସ୍ନେହକୁ
ଟେକିଦେବାର ବେଳ

ଜନ୍ମ ଜନ୍ମ ଅବଶୋଷ
ମେଣ୍ଟିବାର ବେଳ
ଏଇଲେ ସର୍ବଶେଷ ଆନନ୍ଦ ବେଦନାର
ପାତାଳାଶ୍ରୟୀ ଲୁହ
ଦାନାବାନ୍ଧିବାର ବେଳ
ଊର୍ଦ୍ଧ୍ୱପାତନର ବେଳ।

ବିଚରା ସମୟ କିଛି ରଖିପାରେ ନାହିଁ ବୋଲି
ସଂଶୟ ଅପଯଶର କାଳିମାରେ
ଢାଙ୍କିଥାଏ ମୁହଁ
କେତେ କ୍ଷିପ୍ର ଆକାଶ ମାର୍ଗରେ
ଧୂମ୍ରରେଖା ପରି ଛୁଟିଥାଏ
ମୁହୂର୍ତ୍ତେ ଅଟକି ଯିବ
ତା'ର ଆୟତ୍ତରେ ନଥାଏ।
ଦେଖ, ଦେଖ ଅବଶିଷ୍ଟ କ୍ଷଣ
ଡାଳର ହଳଦିଆ ପତ୍ରପରି ଅସ୍ଥିର
ପାହାଡ଼ ଶୀର୍ଷର ଗାରେ ଖରାପରି
ଟଂ ଟଂ ତରତର
କହିବ କହିବ ବୋଲି ପଦଟିଏ
କଣ୍ଠନାଳୀ ମୋର ଉତ୍କଣ୍ଠିତ, ଅଧୀର।

ଆଜି ଯଦି ଶବ୍ଦର ଅକ୍ଷୟ ଭଣ୍ଡାର
ଥରେ ଖୋଲିଯାନ୍ତା
ମୁଁ ଆଜି ବାଛି ନିଅନ୍ତି ଶବ୍ଦଟିଏ, ଶେଷଥର।
ଉନ୍ମୁକ୍ତ ପୃଥିବୀର ଛାତିପରି
ଅନାବୃତ ମୋ ଚେତନା
ସମର୍ପି ଦିଅନ୍ତା,
ଅର୍ଥାୟିତ ତା'ର ଅନନ୍ତକାଳ।

କେନ୍ଦ୍ରବିନ୍ଦୁରେ ହିଁ...

ବୃତ୍ତାକାର ପଥରେ
ଘୂରିଲାଗିଛି ସତ୍ତାମୋର
ଜନ୍ମ...ଯୌବନ...ଜରା
ମୃତ୍ୟୁ...ଜନ୍ମ...ଯୌବନ
ମୁଁ ଫିଙ୍ଗିଦେଉଛି
ମୋର ଶରୀରକୁ
ଛଡ଼ା ଫୁଲପରି
ଫିଙ୍ଗୁଚି ଓ ଘେନୁଅଛି
ବାରମ୍ବାର
ଅତଏବ ମୋର
ଆକାର ଆବେଗ ସ୍ୱପ୍ନ
ସେ ସବୁର ନିର୍ଦ୍ଦିଷ୍ଟତା
ଅବାନ୍ତର ।

ପ୍ରତୀକ୍ଷା... ପ୍ରାପ୍ତି...ଶୂନ୍ୟତା
ଶୂନ୍ୟତା...ପ୍ରତୀକ୍ଷା... ପ୍ରାପ୍ତି
ଆଖିରେ ହିଁ
ସମୁଦାୟ ସତ୍ତାର ସାରାଂଶ
ଠୁଳକରି
ବାଟଚାହିଁ ବସିଥିବା
ମୁହୂର୍ତ୍ତଟିକର
କାନ୍ଦ୍ କାନ୍ଦ୍ ପ୍ରାପ୍ତିପରେ

ଦିଗ୍‌ବିଦିଗ ନିରାଟ ଶୂନ୍ୟ ଭିତରେ
ତୁମକୁ ହିଁ ହଜାଇ ବସିବା
ଏହି ଯେ ମୋ ଭୋଗଭୋଗ ।

ସମୟ ସମୟାନ୍ତର
ଅଖଣ୍ଡ ବର୍ତ୍ତମାନତା ହୋଇ
ଲମ୍ବିଥାଏ
ବୃତ୍ତାକାର ପଥରେ
ମୁଁ ଘୂରୁଥାଏ
ଘୂରୁଥାଏ...

କେନ୍ଦ୍ରବିନ୍ଦୁଠାରେ କିଏ -
ଦପ୍ ଦପ୍ ଜଳିଉଠେ
ନିଭିଯାଏ... ଜଳିଉଠେ
ତୁମେହିଁ କି ସେଠାରେ
ତୁମେ କି ସେ କେନ୍ଦ୍ରବିନ୍ଦୁ ?
ପରିଧିଠୁଁ ଯାହା
ନିର୍ଦ୍ଦିଷ୍ଟ ଦୂରତା ନେଇ
ସବୁକାଳେ ସ୍ଥିର ରହିଥାଏ ।

ଘୋରତର ଇନ୍ଦ୍ରଧନୁ

ବର୍ଷାହେଲା ଭାରିବର୍ଷା
ଆକାଶଟା ସାରା
ମେଘରୁ ମେଘକୁ ଡେଇଁ
ବିଜୁଳି ନାଚିଲା
ନିଆଁ ଗାର କାଟିକାଟି
ଚେରର ନକ୍ସାରେ।

ଘୋଡ଼ାଟାପୁ ଶୁଭୁଥିଲା
ଆକାଶୁ ମାଟିରୁ
ଦନ୍ତାହାତୀ ଶୁଣ୍ଢ ଟେକି
ଆକାଶ ଆକାଶ ପାଣି
ଅଜାଡ଼ିଲା
ବର୍ଷାର ରହସ୍ୟ
ସାରାଟା ଅରଣ୍ୟ ଘୋଟି
ଅସମ୍ଭାଳ
ଗଳିପଡୁଥିଲା।

ଘୋଡ଼ାଟାପୁ ଥମିଗଲା
କିଏ ସେ ପଥିକ
ଦୂରରୁ ସୁଦୂର ଅବା
ଅପସରିଗଲା
ଦନ୍ତାହାତୀ ଶୋଇଗଲା

କ୍ଳାନ୍ତ ଶ୍ରାନ୍ତ
ବଣବୁଦା ମୂଳେ
ବର୍ଷାପାଣି ସୁଅ ବୋହିଗଲା।

ସେ ଏମିତି ବର୍ଷାପାଣି
ତା' ଭିତରେ
ଅସଂଖ୍ୟ ବୁଦ୍‌ବୁଦ
ସେ ବୁଦ୍‌ବୁଦ ଭିତରେ
ଶହ ଶହ
ସଂଚାରିଣୀ ଇନ୍ଦ୍ରଧନୁ ଛାୟା।

ଡ଼ାଳପତ୍ର ପାଣିଧାର
ଅବାରିତ
ଟୁପ୍ ଟାପ୍ କଥା ହେଉଥିଲେ
କହୁଥିଲେ
ଦେଖ ଦେଖ
କୋଉ ଧନୁର୍ଦ୍ଧର
ପାହାଡ଼ ସେପଟେ
ଡେରି ଦେଇଚି ତା'
ବର୍ଣ୍ଣମୟ ରତ୍ନଧନୁଟିକୁ
ଯୁକ୍ତ କରିଦେବା ପାଇଁ
ନିକଟ ପାହାଡ଼ ସହ
ଦୂର ପାହାଡ଼କୁ !

ସତେତ ଯେ ଇନ୍ଦ୍ରଧନୁ
କିପରି ସ୍ଥିତି ଯେ ଯା'ର !
ଅବିରଳ ଝରିପଡୁଥିବା
ଅଥୟ ଯେ ବର୍ଷାବିନ୍ଦୁମାନଙ୍କ ଉପରେ
ସ୍ଥିର ହୋଇ ରହିଥାଏ...

ତୁମପରି ଠିକ୍
ତୁମପରି ରହିଥାଏ
ସତ୍ୟର ନିର୍ଯ୍ୟାସ,
କ୍ଷଣବଦଳ ଯେ
ସ୍ଥାନ, କାଳ, ଘଟଣା ମଧ୍ୟରେ
ଯେଉଁପରି ଅବିଚଳ ସ୍ଥିର ରହିଥାଅ
ସ୍ଥିର ରହିଥାଅ ପୁଣି
ମାୟାପରି ଘେରିଥାଅ
ମତେ ବାନ୍ଧିରଖ
ରଙ୍ଗ ଆଉ ନିରଙ୍ଗକୁ
ଯୁକ୍ତକରି
ଚେତନାର ଭୂମିପରେ
ଆହୁରି ନିବିଡ଼, ଘଞ୍ଚ
ସ୍ପର୍ଶକ୍ଷମ
ରୂପଟିଏ ଆଙ୍କ ।

■

ଟାଣିନଉଚ କୁଆଡ଼େ

ଟାଣି ନଉଚ କୁଆଡ଼େ ?
ଏଣେ ମୋର ଘର ସଂସାର, ବେଭାର
ଅଯତ୍ନ ପଡ଼ିରହିଲା
କୋଉ ସ୍ୱପ୍ନରେ ବିଭୋର
ଟାଣିନଉଚ ଏମିତି
ହାତଛାଡ଼ -

ତୁମ ସ୍ୱପ୍ନର ଧମନୀରେ
ବୋହୁଥିବା ରକ୍ତ
ହେଇପାରେ ମୋର
ସତକୁହ, ପୃଥ୍ୱୀ ଡେଇଁଗଲେ
କୋଉ ଶୂନ୍ୟତାର
ସିଂହାସନରେ
ମତେ ନେଇ ବସେଇବ ?

ଏଠାରେ ଯେ
ମୋ ହୃଦୟର
ଗଭୀରତମ ପ୍ରପାତରେ
ଅଜସ୍ର ଲୁହ
ଖସିପଡୁଚି ତୁମର,
କ୍ଷଣିକ ହାହାକାର ତୁମେ
ଚିତ୍ରମୟ ଧୂଳି,
ସମୟର କେଉଁ ବିନ୍ଦୁରେ ମୁଁ
ତୁମକୁ ଭେଟିବି -
ଭେଟିଲେ ହିଁ କଟିଯିବି
ତତ୍କ୍ଷଣାତ୍
ଦୁଇଖଣ୍ଡ କାଟି ହେଇଯିବି ।

ପରିଚିତ ସମୟର
କୌଣସି ବିନ୍ଦୁରେ ତେଣୁ
ତୁମସହ ଭେଟହେବା
ଅସମ୍ଭବ
ଏ କଥା ଜାଣି ବି
ମୁଁ କେମିତି
ଘରକରଣା, ସଣ୍ଡୁଣା
ସବୁଛାଡ଼ି
ତୁମ ସାଙ୍ଗେ ବାହାରୁଚି !

ଦୂର ଉପତ୍ୟକାର ଛାତିରେ
ଶସ୍ୟର କଅଁଳଗଜା ପରି
ମୋର ସ୍ୱପ୍ନ ଗୋଟି ଗୋଟି
ଭୂଇଁରେ ଗାରକାଟି
ମୁଁ ସେମାନଙ୍କ ନାଆଁ ଲେଖେ
ତା ପରେ ଆଉଁସି ଦିଏ
କେହି ନଥିବା ବେଳରେ,
ସତେକି ସେମାନେ
ବଞ୍ଚିଯିବେ
ମୋ'ରି ଆଉଁସାରେ ।

ମୋ ଦେହର
ସବୁଠୁଁ ଭାବପ୍ରବଣ
ତାର କେତୋଟିରେ
ସ୍ୱରଫୁଟେ
ତା' ଲହର ଝୁଲିରହେ
ବାୟୁମଣ୍ଡଳରେ
କେବେ କହ ସେ ଲହର
ଚମକିବ ଦିଗ୍‌ବିଦିଗ

ତୁମକୁ ଛୁଇଁବ
କେତେ ପାଣି କେତେଲୁହ
କେତେକେତେ
ଶବ୍ଦ ବର୍ଷିଗଲେ ?

କେତେଦିନ ଆଉ
ବର୍ଣ୍ଣମାଳା ନଥିବା ଭାଷାରେ
କବିତା ମୁଁ ଲେଖୁଥିବି
କାହିଁକି କହତ
ଯୁଗପରେ ଯୁଗ
ମୋ ମୂଳକୁ
ଗଛର ଚେର ସହିତ
ବାନ୍ଧିଦେଇଥିବି
କ'ଣ ପାଇଁ
ସବୁ ତୁଚ୍ଛକରି
ତୁମ ସାଙ୍ଗେ
ଗୋଡ଼କାଢ଼ି ଚାଲିଯିବି
ପୁଣି ଏକୁଟିଆ
ଲଙ୍ଗଳା କ୍ଷେତରେ
ଘାସଖିଏ ପରି ଥରୁଥିବି -
ନିଜର ରକ୍ତକୁ
ନିଜେ ଚାଖୁଥିବି
ପୁଣି ତୁମେ
ହାତଧରି ଡାକିନେଲେ
ପୃଥ୍ୱୀଡେଇଁ
ଚାଲିଯାଉଥିବି ।

■

ଶୂନ୍ୟର ଅଧୀଶ୍ୱରୀ

ସବାଶେଷ ଆବଶ୍ୟକତାକୁ
ଖୋଲିଦେଇ
ସେମାନେ ଫେରିଗଲେଣି।

ଲିଭିଆସୁଥିବା ଗୋଧୂଳିପରି ମୁଁ -
ଦିଗନ୍ତ ଆଡ଼କୁ ହାତଟିଏ ହଲାଇ
ଆର ହାତରେ
ଗଛପତ୍ରରୁ ମାଟିରୁ
ସାଉଁଟୁଚି ନିଜକୁ।

ଆଉ ଟିକେକ
ଖୋଷାରୁ ଖସିପଡ଼ିବ ମନ୍ଦାର
ଅନ୍ଧାରରେ ଲିଭିଆସିବ ମୁହଁ
କେହି ନଥିଲା ବେଳେ
ସକାଳ ସଞ୍ଜ ବ୍ୟଗ୍ରତା
ମତେ ଖେଞ୍ଚି ଖେଞ୍ଚି ପଚାରିବ
ସେମାନେ
ପ୍ରୟୋଜନରେ ଗଢ଼ା ରକ୍ତମାଂସ
ନାଁ ସ୍ନେହ ଜରଜର ମଣିଷ ?
ମୁଁ କହିବି ନାହିଁ କିଛି।
କାହା ଆଖିରେ
ମୁଁ ବୁଡ଼ିଯାଇଥିଲି କେବେ

ସ୍ୱପ୍ନ ବୃକ୍ଷର ଅଗରେ
ଦୋହଲୁ ଥିବା
କିଶଳୟଠୁ ନାଲି ପ୍ରଜାପତିଟେ
କେବେ ଉଡ଼ିଯାଇଥିଲା
ମୋର ହୃଦୟରୁ !

ମୁଁ କୋଉ ମାଟି
କୋଉ ପାଣି ପବନ ଓ ତେଜରେ
ଗଢ଼ା କେଜାଣି,
ଗାରେ କୁହୁଡ଼ି ପରି ତ ଦିଶେ
କେମିତି ଦିନ ବିତାଏ
କାନ୍ଦେ ହସେ
ଆଦୌ ଅକ୍ଷର କି
ଧ୍ୱନି ନଥିବା ଭାଷାରେ
କଥା କହେ
କେହି ଜାଣନ୍ତି ନାହିଁ ।

ସେମାନେ
ମତେ ଫିଙ୍ଗିଦବାକୁ ଚାହିଁଥିଲେ
ନିଛାଟିଆ ବଖରାର ଅନ୍ଧାର କୋଣକୁ
ମୁଁ କେମିତି
ବର୍ତ୍ତିଗଲି କେଜାଣି
ମୁଣ୍ଡ ଟେକି ରହିଲି
ଭଗବାନ ଜାଣନ୍ତି
ମୁଁ କେମିତି
ଭରସି କଥା କହିଲି ।
ନିଜକୁ ଖୋଜିବାରେ ପାଇବାରେ
ବିଜୟିନୀ ମୁଁ
ମୋ ଆଡ଼େ ହାତବଢ଼ାଅ ।

ନୀଡ଼ ଫେରନ୍ତା ପକ୍ଷୀଏ
କ୍ରଶ୍‌ଟିଏ ଆଙ୍କିଦେଲେଣି
ଆକାଶରେ
କ'ଣ ବୋହିଗଲା ପରି
ଥରି ଉଠିଲା ପରି
କୋଉ ଅଜଣା ଦେଶର
ହିଲ୍ଲୋଳ
ଖେଳିଗଲାଣି ଚାରିଆଡ଼
ଘାସଭର୍ତ୍ତି ଅନ୍ଧାରୁଆ ଫାଟ
ଭିତରେ ଝଲମଲ କଲାଣି
ବୁନ୍ଦାଏ ପାଣି ।

ମତେ ତ ଏଣିକି
ଚୁପ୍‌ଚାପ୍ ଫେରିଯିବାକୁ ହବ
ଦୀର୍ଘଶ୍ୱାସରେ କମ୍ପୁଥିବା
ପାହାଡ଼ ଆଉ ଗୁମ୍ଫା ଭିତରକୁ
ଜାଣତ,
ମୁକୁଟ ଆଉ ଥାଟ
ଏଇଠି ରଖିଦେଇ ଯିବି ମୁଁ ।

■

ପ୍ରସ୍ଫୁଟିତ ଅଭାଗ୍ୟ

ପାପୁଲିରେ ଫିଟିପଡ଼ିଚି ଚିତ୍ରଟିଏ
ହୃଦୟରେ ସ୍ଥିରାର୍ପିତ
ତୁମର ପ୍ରତିବିମ୍ବ
ଦେହ ଉପରେ ପହଁରି ଯାଉଚି
ତୁମର ଛାଇ
ବିଚ୍ଛେଦ କାହିଁ, କାହିଁ ?

ଆଜି ତ ଫେରାଇ ଦେଲି ଭାଗ୍ୟକୁ
କହିଲି, ତୋଠୁ
ଅଲଗା ହେଇ ରହିବାର
ବେଳ ଆସିଲାଣି ଯେ !
ବାଟ ଜଗିଥିବା ସମୟକୁ ଠାରିଦେଲି
ଥୟଧର, ଭେଟିବୁ ତ ଭେଟିବୁ
ଆଖର ବେଳରେ ପହଞ୍ଚିବୁ
ମୁଁ ଅଭିଯୋଗ କରିବି ନାହିଁ
ଜମା ।

କିନ୍ତୁ ଏଇ ଦିନରାତି
ଆଲୁଅ ଅନ୍ଧାର, ଆଜିକାଲି
ନଥିବା ମହାନ୍ ଅନଶ୍ୱରକୁ
ଆଉ ମାପି ବସ୍‌ନା ଯା' -
ନୂତନ ମିଳନର ଯେ

ଅଙ୍କୁରୋଦ୍‌ଗମ କାଳରେ
ସୂର୍ଯ୍ୟାଭିସାରୀ ମୋ
ଆତ୍ମାରୁ ଅଙ୍ଗରୁ
ପ୍ରତି ଲୋମକୂପରୁ ମୋ
ଗୋଟି ଗୋଟି ଶ୍ୱେତପଦ୍ମ
ଇନ୍ଦୀବର କୋକନନ୍ଦ
ପାଖୁଡ଼ା ମେଲିଲେ
ହୃତ୍‌ସ୍ପନ୍ଦନ ପରି କମ୍ପିଲେ ବିରାମହୀନ
ଇତସ୍ତତଃ ଭ୍ରମରଙ୍କ କରମ୍ଭନ
ସୁଗନ୍ଧରେ ଦୋଳାୟିତ ମାଟି
ଆକାଶ ଗୋଟାକ
ହୁଲସ୍ଥୁଲ ଡାକ
ନିଃଶବ୍ଦ ଓ ଅଫୁରନ୍ତ ଡାକଟିଏ
ପଞ୍ଚପ୍ରାଣ ଜିଜ୍ଞାସି ଉଠିଲା
କିଏ ? କିଏ ?

ଅଧା ଅଧା ପରିଚୟ
ଅଧା ଅଧା ବିଶ୍ୱାସ ଓ ସ୍ନେହ
ଦ୍ୱିତୀୟା ଜହ୍ନଟି ପରି
ଅର୍ଦ୍ଧନିମୀଳିତ ଆଖି
ଅର୍ଦ୍ଧସ୍ଫୁରିତ ଓଠର ଗୀତଟିଏ
ଅଧା ଲୁଚି ଅଧା ଦିଶୁଥିବା
ମୂର୍ତ୍ତିଟିଏ
ଧରୁ ଧରୁ ଅର୍ଦ୍ଧାଧିକ ଯା'ର
ଖଣ୍ଡ ଖଣ୍ଡ ହୋଇସାରିଥାଏ ।
ଯେ ପୃଥିବୀ ପଚାରିଲା
ମୋ ସତ୍ତାକୁ ନିଭୃତ ହିଁ ଖୁବ୍
ଡାକିନେଇ ପଚାରିଲା
ତୁ ତ ଆଉ ମୂର୍ଖ ନୋହୁ

ଭାଗ୍ୟଠୁ ସମୟଠାରୁ
ମୁକ୍ତ ହୋଇ
ବଡ଼ ହୋଇଯିବା କଥା
କେବେଠୁଁ ଶିଖିଲୁ ?
ଆଜିଠୁଁ ସତରେ କ'ଣ
ଲାଞ୍ଛନା, ଅପମାନରୁ
ବାଧ୍ୟବାଧକତା ଠାରୁ
ମୁକ୍ତି ପାଇଗଲୁ ?
ଭାଗ୍ୟକୁ କରିଦେଲୁ
ତୋ ଦାସାନୁଦାସ ନା
ସକଳ ଆକ୍ଷେପଠାରୁ
ବିଚରା ଭାଗ୍ୟକୁ
ଆଜିଠାରୁ ମୁକ୍ତ କରିଦେଲୁ ?
ସମୟର ସବୁକିଛି
ମଳିନ ଓ କ୍ଷୟ କରିଦେବା
ଗୁଣଠାରୁ ବର୍ତ୍ତି ରହିଗଲୁ ?

କର୍ଣ୍ଣପାତ କଲିନାହିଁ ଏ ସବୁରେ ।
ଜାଣିଥିଲି, ପ୍ରଶ୍ନକାରକ
ଆଦୌ ବୁଝିପାରୁ ନାହିଁ
ତୁମକୁ ମୁଁ ଜାଣିଚି, ଭୋଗିଚି
ଆଜିଯାଏ ଯେପରି ଭାବରେ ।
ତା' ରାସ୍ତାରେ ସାଧାରଣ ଖରାର ଯେ
ନିୟମିତ ସମାଗମ, କୋଳାହଳ
ମୋ ସମାନ କଦାପି ସେ
ଅଣ୍ଡାଳି ହେଇନି
ଏଡ଼େ ଥଣ୍ଡା, ଏଡ଼େ ଅନ୍ଧାରରେ ।

■

ବଜ୍ର ଆଶ୍ଳେଷ

ଯେ କି ଉଜ୍ଜ୍ୱଳତା
ଯେ ଆଲୋକ
ଫୁଟିପଡ଼ିଲା କିପରି ମୋ ସତ୍ତାରେ
ମୋ ଭିତରେ କିପରି ଉଇଁଲା !
ଅପୂର୍ବ ଉଦୟନରେ
ନଖର ଶିଖରୁ ମୋର
ଧାର ଧାର ଜ୍ୟୋତି ଅଙ୍କୁରିଲା -

ମୁଁ କିପରି ବର୍ଣ୍ଣିବି
ମୋ ଅଣୁ ଅଣୁ ରକ୍ତର
ମୋ ଗୋଟି ଗୋଟି କଳ୍ପନାର
ରଙ୍ଗ ବିଚ୍ଛୁରଣ -
ଅସମ୍ଭବ ଉଜ୍ଜ୍ୱଳ ସ୍ଫୁଲିଙ୍ଗଟିର
ବିପୁଳତା ନେଇ
ମପାଚୁପା ଏଇ ଜଗତରେ
ମୁଁ କିପରି ବଞ୍ଚିବି
କିପରି ଆତଯାତ ହେବି ?

ସତେକି ମୋ ଠାରୁ ଦି' ଆଙ୍ଗୁଳ ଉଚ୍ଚତାରେ
ଝୁଲୁଚି ଆକାଶ
ମୋ ଅଭିଷେକର ମନ୍ତ୍ର
ଉଚ୍ଚାରୁଚି

କ୍ରମଶଃ ମୋ ବହ୍ନିମାନ ସତ୍ତା
ମୋ ଭିତରୁ
ଲମ୍ଫ ଦେଉଛି ଊର୍ଦ୍ଧ୍ୱକୁ
ଦିଗ୍‌ବିଦିଗହୀନ ଶୂନ୍ୟତାକୁ -

ଅଥଚ ପାଖେ ପାଖେ
ଯେ କି କରାଳ ଛାୟା !
ଛାୟା ମାଡ଼ିଚାଲେ
ପାଦତଳୁ ମାଡ଼ିଗଲେ
ଘାଟ, ବଣ, ପାହାଡ଼
ଓ ମରୁଭୂମି ଦେଇ
ମରୁଭୂମି ଘେରି ରହିଥିବା
ବର୍ଷୁକୀ ସମ୍ଭାବନା ଯେ
ଭାଙ୍ଗିପଡ଼େ,
ପାହାଡ଼ ତଳିର
ଶ୍ୱାପଦସଙ୍କୁଳ ମାଟି
ଥରିଉଠେ,
ଘାସପତ୍ରଟିର
ଉଜ୍ଜ୍ୱଳ ସବୁଜ ମୁହଁ
କଳାପଡ଼ି ଯାଏ,
ଧାନ କିଆରୀ ଭିତର
ସେ ଅରାକ ପାଣି
ଟିକ୍‌ଟିକ୍ ଆକ୍ଷିମୟ ପାଣି
କରୁଣ କରୁଣ ଦିଶେ
ଏ କରାଳ ଛାୟା
ନଦୀରେ ନାଳରେ
କୁନି କୁନି ଲହଡ଼ିଙ୍କ
ଯବକାଚ ଢାଙ୍କି
ସମୁଦ୍ର ଦିଗକୁ ବଢ଼େ

ସାରାଟା ସମୁଦ୍ର
ନିଜ ଔଦ୍ଧତ୍ୟରେ
ଥରହର କରେ
ଦିଗନ୍ତକୁ ଛୁଏଁ
ଦିଗନ୍ତରୁ ଲମ୍ଫଦିଏ
ଆକାଶକୁ -

ଆଲୋକ ଲହର ସବୁ
କମ୍ପୁଥାନ୍ତି
ଅଧିକରୁ ଅଧିକ ଉଲ୍ଲାସେ
ସର୍ପସମ ଲମ୍ବି ଆସୁଥିବା ଛାୟା
କାହିଁକି ଜିଭ ବଢ଼ାଏ ?

ଆତଙ୍କ ଅବସାଦରେ ଶିହରିତ
ମୁଁ ପଚାରେ
ତୁମକୁ ଉଦ୍ଦେଶ୍ୟ କରି,
ପଚାରେ ପୃଥ୍ୱୀକୁ,
ଆକାଶକୁ,
କିଏ ଚିରଞ୍ଜୀବୀ
କିଏ ସତ
କିଏ ମୋ ନିଜସ୍ୱ ପରିଚୟ
କହ -
ଆଲୋକ ନା ଛାୟା ?
ମୋ ସତ୍ତାର
ଆଲୋକିତ ମଣ୍ଡପରେ
କାହିଁକି ଏ ଛାୟା
ଭୀଷଣ ବିରୋଧ କରେ
ଗର୍ଜିଉଠେ
ଲିଭେ ନାହିଁ
ଜଳିଯାଏ ନାହିଁ -!

କେଉଁଠୁ ଉତ୍ତର ଶୁଭେ
କୋମଳ କଠୋର ସ୍ୱର
ସତେ କ'ଣ ଆକାଶ ଉଚ୍ଚାରେ !
ନା ଯେ ସ୍ୱର
ତୁମ ସର ?

ଆଲୋକରତ୍ନରେ ଗଢ଼ା
ସିଂହାସନାସୀନ
ମୋର ପ୍ରିୟତମ,
ତୁମେ ହିଁ କି କୁହ
ଆଲୋକର ସଖି ଆଗେ,
ତୁମେ କ'ଣ
କେବଳ ହିଁ ଆଲୋକର
ଅନ୍ଧାରରେ
ଭାଗୀଦାର ନୁହଁ ?

ଯେ ଆଲୋକ
ଏଇ ଛାୟା
ଯେ ଯେ ମୋର ଦୁଇବାହୁ
ପରିପୂର୍ଣ୍ଣ ଆଲିଙ୍ଗନର ମୁଦ୍ରାରେ
ତୁମକୁ ହିଁ
ବେଢ଼ି ରହିଥାଉ ।

ନଦୀ

ଅଭିନବ ବିସ୍ମରଣ ।
ଭୁଲିଗଲି
ମୋ ନିଜର ଗନ୍ତବ୍ୟକୁ ।
ଆକାଶକୁ ପାହାଡ଼କୁ
ଦେଇଥିବା
ଅଟକି ନ ରହିବାର ପ୍ରତିଶ୍ରୁତି
ଭୁଲିଗଲି ।
ମୁଁ କେମିତି ଜାଣନ୍ତି ଯେ,
ତୁମେ ଏଠି ଠିଆ ହୋଇଥିବ
ମୂର୍ତ୍ତିମନ୍ତ ପାରାବାର,
ଗାଢ଼ ଅଭୀପ୍‌ସାରେ ନୀଳ
ସମ୍ରାଟ
ଅଥବା ସନ୍ୟାସୀ ସମାନ
ଦିଶୁଥିବ
ଦିଶୁଥିବ ବିବ୍ରତ ଅଧୀର
ଆଞ୍ଜୁଳି ଭରିବ
ପୁଣି ଆନମନା ହେବ,
ରସଭର ଓଠପରି
ଥର ଥର ଜଳର ଆଞ୍ଜୁଳି
ତା' ଭିତରେ
କାହା ଛାଇ ଦେଖି
ଆପଣାକୁ ଭୁଲିଯାଉଥିବ !

ଅପରାହ୍ଣ ଲାଖିଥିବ
ଗଛପତ୍ର କୂଳରେ ଘାସରେ
ବୁକୁ ଭିଜୁଥିବ ମୋର
ହଳଦୀ ପାଣିରେ
ଲେଉଟାଣି ଖରା ଜଳୁଥିବ
ତୁମ ସୁବର୍ଣ୍ଣ ଦେହରେ !
ମୁଁ ପୁଣି
ନିଜର ପରିଚୟ ଭୁଲିଯିବି
ତୁମରି ଇଚ୍ଛାର
ପ୍ରତିଧ୍ୱନିଟିଏ ହୋଇ
ଗଢ଼ି ହେଉଥିବି
ପୁଣି ଭାଙ୍ଗିଯାଉଥିବି !

ଥରଟିଏ ମୋ ସ୍ୱପ୍ନରେ
ଆସିଥିଲ
ଯେତେବେଳେ କି ମୁଁ
ନିର୍ବେଦ ପଥର ଖୋଲ
ଉହାଡ଼ରେ
କେତେ ଜନ୍ମ ପୂର୍ବର
ଅପ୍ରକଟିତ ବେଦନାରେ
ଗୁମ୍‌ସୁମ୍ ଫୁଟି ଲାଗିଥିଲି
ସେ ସ୍ୱପ୍ନ ପୁରୁଣା ନୁହଁ
ନିତି ନୂଆ
ତୁମ ଶୋଷ
ନଦୀଧାର ଖୋଜା
ନିତିନୂଆ
ପୁଣି
ତୁମ ନଦୀପାରି ହେବାର ସଂକଳ୍ପ
ଲାଗୁଥିଲା

ଖୁବ୍ ନୂଆପରି
ମୁଁ କି ବିରୂପାର ନୀଳବେଣୀ
ନାଁ ମହାନଦୀର
ଗଭୀର ଅଥଳ କୋଳ
ତୁମକୁ ଡାକିଲି -

କାହିଁ ମୋ ଅନ୍ଧ ଭଉଁରୀ
ପ୍ରମତ୍ତ ହିଂସ୍ରତା କାହିଁ
କାହିଁ ମୋର
କୂଳ ଲଙ୍ଘିଯିବା ଉଦଗ୍ରତା ?
ମୋ ସ୍ରୋତରେ ଖାଲି ପ୍ରଶ୍ନ ।
ପ୍ରଶ୍ନମାନେ ଢେଉ ହେଲେ
ତୁମ ଅଧାବୁଜା ଆଖି
ଆତୁର ଉଦାସ ଓଠ
ଅନୁରାଗ ବିରାଗରେ ଗଢ଼ା
ତୁମ ପୌରୁଷ ସୀମାରେ
ମୁଣ୍ଡ ପିଟୁଥିଲେ
ନବୋଦିତ ଚନ୍ଦ୍ର କିରଣର
ବହଳ କୁହୁଡ଼ି ତଳେ
ହଜିଯାଉଥିବା
ଓଜନ ନିଃଶ୍ୱାସ ଥିଲା
ତୁମ ପ୍ରତ୍ୟୁତ୍ତର ।
ମୁଁ କିଛି ଶୁଣିଲି ନାହିଁ -
ତତ୍କ୍ଷଣାତ୍
କ୍ଷୟ ଓ ମୃତ୍ୟୁର
ମୁକୁଟ ପିନ୍ଧି
ଦର୍ପରେ ବସିଥିବା ଜୀବନକୁ
ପିଠିକରି ଦେଲି ।
ତୁମ ପ୍ରୟୋଜନ ଲାଗି

ସତ୍ତାର ସର୍ବାଂଶରେ
ମୁଁ ନାବ ହେଲି,
ନାବ ବାହିକା ବି ହେଲି,
ହେଲି ବି ପ୍ରଖର ସୁଅ
ହେଲି ପୁଣି
ସେ ସୁଅକୁ ଅତିକ୍ରମି
ଯିବାର ଉପାୟ।

ସବୁ ଅତୀତକୁ
ସବୁ ଅନାଗତତାକୁ
ସେ ଗୋଟିଏ କ୍ଷଣରେ
ମୁଁ ପୂରା ଭୁଲିଗଲି
ମାଟି କାହିଁ, ନାବ କାହିଁ
ନଦୀ କାହିଁ
କାହିଁବା ପଝାରୀ
ଅନୁଭବିଲି ଯେ,
ମୁଁ କେବଳ
ସାରା ଜୀବନର
ନିବିଡ଼ତା ଓତପ୍ରୋତ
ଉଷ୍ମ କୋଳଟିଏ
ହୁଏତ ମୁଁ ଲକ୍ଷ୍ୟଟିଏ
ତୁମ ସଂକଳ୍ପର
ଘଟଣ-ପଟ୍ଟୟସୀ ମୁଁ
ସୁନିର୍ଦ୍ଦିଷ୍ଟ ଦିଗନ୍ତ ଗୋଟିଏ।

ଅଜଣା ଅଶୁଣା
କେଉଁ ନୂଆଦେଶ ଆଡ଼େ
ଟାଣି ହେଇ ଯାଉଥିଲି
କୋଟିଏ ନକ୍ଷତ୍ର

ହାତ ଛନ୍ଦାଛନ୍ଦି ହେଇ
ମତେ ବେଢ଼ିଥିଲେ
ଅନ୍ଧାର ଆଲୋକ
ମୁହୁର୍ମୁହୁ
ଆପଣାର ପ୍ରଭାବରେ
ମୋ ସତ୍ତାକୁ
ଅଧିକାର କରି ନେଉଥିଲେ।

ମୁଁ ତେବେ କି
ପ୍ରଗାଢ଼ ସୁଗନ୍ଧଟିଏ
ଗୀତର ଲହରଟିଏ
କମ୍ପୁଥିଲି
ଅନ୍ତରୀକ୍ଷ ସାରା
ଅବା ମୁଁ କେବଳ
ନିଜକୁ ଚିହ୍ନି ନ ଥିବା
ସେତୁଟିଏ
ଯୋଡ଼ିଥିଲି ଏ କୂଳ ସେ କୂଳ !
ବିଶ୍ୱବ୍ରହ୍ମାଣ୍ଡର
ସବୁତକ ଶୂନ୍ୟତା ଯେମିତି
ବିନ୍ଦୁଟିରେ ପରିଣତ ହେଇ
ମୋ ଛାତିରେ
ପାଦ ଥୋଇଦେଲା ମାତ୍ରେ
ଅପୂର୍ବ ପ୍ରସନ୍ନତାରେ
ହେଉଥିଲେ
ରକ୍ତ ଟଳମଳ !

ତୁମ ଅଭୀପ୍ସିତ ସବୁ
ସଂକଳ୍ପ ତୁମର
ପୂରିଗଲା ପରେ

ମତେ ପୁଣି
ସରିଥିବା ଉତ୍ସବ ପରି ଯେ
ଦି'ଗୁଣ ଶୂନ୍‌ଶାନ
ଶରୀରକୁ ଟାଣି
ଲମ୍ଭିଯିବା ପାଇଁ ହେବ
ଅନ୍ଧକାର ଭିତରକୁ ଏକୁଟିଆ

ତା' ଭିତରେ
କେବେ ତୁମ ସ୍ୱର
ଗଦ୍‌ଗଦ ଆଭାଷ ପରି
ଶୁଭୁଥିବ
କେବେ ଅବା
ହାହାକାର ପରି
ମୋ ଛାତିକୁ ଚିରି ଦେଉଥିବ ।

■

ଭୋର୍ ବେଳାରେ

ଭୋର୍ ବେଳାରେ କିଏ ଡାକିଦେଲା
କାହା ଉଷ୍ମ ଉପସ୍ଥିତି
ମାଂସଳ ପବନ ସହ
ଏକାକାର ହୋଇ
ମୋ ଦୁଆରେ
ଟିପା ମାରୁଥିଲା ?

ପ୍ରାଣର ତାରରେ ମୋର
କି ସ୍ୱର ଝଙ୍କାର
ଶିରା ଶିରା କମ୍ପୁଥିଲା
ସମୁଦ୍ର ବି ଗର୍ଜୁଥିଲା ଅନ୍ଧାରରେ
ମୋ ଚାରିପାଖରେ
ଘେରି ରହିଥିଲା
ଅଥଳ ଅକୂଳ...
ନା ସାରା ଆକାଶ
ବର୍ଷିବ ବର୍ଷିବ ବୋଲି
ମେଘ ରୁନ୍ଧିଥିଲା ?

କେଉଁ ନଥିବା ପଣର
ଗାଢ଼ ଆକର୍ଷଣ
ମତେ ଭିଡ଼ି ଧରୁଥିଲା
ଶୂନ୍ୟ ଶଯ୍ୟାଧାରେ

କାହାର ନିଃଶ୍ୱାସ
ଫିଟି ପଡୁଥିଲା
କାହା ଇନ୍ଦ୍ରଜାଲ ଓଠୁଁ
ପାହାନ୍ତା ଶେଫାଳି ପରି
ଟପ୍ ଟପ୍
ଶବ୍ଦ ଝରୁଥିଲା –

ତୁମର
ନାଁ ଅର୍ଦ୍ଧସ୍ଫୁଟ
ଆସନ୍ନ ପ୍ରାତଃର ?
ସହସ୍ରେ ପଦ୍ମପାଖୁଡ଼ା–ଆଙ୍ଗୁଠି ଯେ
ମୋର ରୋମ ରୋମ
ଭେଦିଯାଉଥିଲା ।

ଚନ୍ଦ୍ରାଲୋକ

୧ । ତଡ଼ାଗ

ଆବର୍ଜନା, ପଙ୍କ କାଦୁଅ ସଡ଼ସଡ଼
ତଡ଼ାଗଟିଏ ମୁଁ
କୂଳେ କୂଳେ
କଣ୍ଟା ଝଟା ଅରମା
ଆଣ୍ଠୁଏ ପାଣିରେ
ଫକ୍ ଫକ୍ ପାଣି ଶିଉଳି
ବେଙ୍ଗଫୁଲା, ଗେଣ୍ଡା, ଶାମୁକା
ଦଣ୍ଡିଖିରୀ
କୁତୂହଳୀ ପବନର ନାଚକୁଦ ବି
ସହଜେ ଶିହରାଇ ପାରେନା
ମୋର ନିସ୍ତବ୍ଧତାକୁ ।

କେବେ କେମିତି ତହିଁରେ
ବେଢ଼ଙ୍ଗ ପାଦପକାଇ
ବଗଟାଏ ଘୂରିଆସେ
ସିଆଣା ଆଖି ଦି'ଟା ତା'ର
ପୋତିଦେଇ ପାଣିରେ ।

ଅଥଚ ତୁମେ
ଦିଗବିଦିଗ ଫାଟି ପଡୁଥିବା
ଚନ୍ଦ୍ରାଲୋକ,

ନଇଁଆସ କାହିଁକି ?
ଝୁରୁ ଝୁରୁ କର୍ପୂର ହାତରେ
ଆଉଁସି ଯାଅ ମୋର ସର୍ବାଙ୍ଗ
କି ମାୟାରେ କେଜାଣି
ନଗଣ୍ୟ ଯେ ମୋର ଛାତି ଭିତରେ
ଅଙ୍କିଯାଅ
ସ୍ୱଚ୍ଛ ସୁଲଳିତ
ତୁମର ପ୍ରତିବିମ୍ବ !

୨ । କର୍ପୂର ବର୍ଷୁଚି

କର୍ପୂର ବର୍ଷୁଚି
ପ୍ରାନ୍ତର ପ୍ରାନ୍ତର କ୍ଷେତମାଳ
ବନ ବନ ବୃକ୍ଷବୀଥି
ସମୁଦ୍ର ଓ ନଦୀ
ତରଙ୍ଗ ତରଙ୍ଗ
ବର୍ଷୁଚି କର୍ପୂର
ମୋ ସାରା ଅସ୍ତିତ୍ୱ
ଭିଜିଯାଉଚି ସୁଗନ୍ଧ ।

ଖୋଲା ବାଳରେ ବର୍ଷୁଚି
କପାଳରେ ଓଠରେ ଆଖିରେ
ଅନାଇଁ ପାରୁନାହିଁ ମୁଁ
ମୃଦୁ କର୍ପୂର ପାତ
ମୋ ହୃଦୟ ଭିତରେ ।
କିଏ ସେ ଗାଉଚି
ଦୂର କୋଉ ମୁଲକରେ
ବୃକ୍ଷତଳ ଛାଇ ଅନ୍ଧାରରେ
ଅଧା ଅଧା ଭିଜୁଚି ବର୍ଷାରେ
କି ରହସ୍ୟ ଘୋଟିଚି ଚୌଦିଗ...

ବାଙ୍ଗ୍ମୟ ପ୍ରସରୁଚି
ଯେ କାହାଗୀତ
ବଂଶୀରେ ଥରିଉଠୁଚି
କାହାସ୍ୱର ?
ତୁମର ନୁହଁତ ?

୩। ମଧୁକୁମ୍ଭ

ପୂର୍ବ ଦିଗ
ଅନ୍ଧାର ତା' ନିରାକାର ହାତରେ
ତୋଳି ଧରିଚି ମଧୁକୁମ୍ଭ।
ମହୁ ଝରି ଲାଗିଚି
ଖସିପଡୁଚି ଟୋପାଟୋପା
ପତ୍ର ଉପରେ, ପତ୍ରରୁ
ଖସୁଚି ମାଟିକୁ
ଧାର ଧାର ନିଗିଡୁଚି
ଭିଜୁଚି ସଚରାଚର
ଭିଜୁଚି ମୋ ଘର ମୋ ଅଗଣା
ମହୁରଙ୍ଗ ଶାଢ଼ୀ ମୋର ଜୁଡୁବୁଡୁ
ଜୁଡୁବୁଡୁ ଉଲ୍ଲାସ ବେଦନା।
ରାତିସାରା ଝରୁଥିବ ମଧୁଧାର,
ସରିଯାଉଥିବ
ମଧୁର ସରସ କାଳ,
ଚୁପ୍‌ଚାପ୍ ପୃଥିବୀର କଡ଼ଲେଉଟିବା
ନିଃଶ୍ୱାସରେ ଗଛପତ୍ର ଦୋହଲାଇଦେବା
ଶୁଭୁଥିବ,
ଶୁଭୁନଥିବ କେବଳ
ନିଃଶବ୍ଦ ପଦପାତ ଆମର
ଅସ୍ଥିର ଆୟୁଷ୍କାଳର।

■

ଶାମୁକା

ଅଥଳ ଲୁଣିପାଣିର ସାମ୍ରାଜ୍ୟରେ
ତିମି ତିମିଙ୍ଗଳଙ୍କର
ଆଁର ସାମ୍ନାରେ
ନିରୁପାୟ ଲଜ୍ୟାକର
ଘୁଷୁରି ଘୁଷୁରି
ଘୂରିବୁଲିବା ହିଁ
ଭାଗ୍ୟ ଥିଲା ମୋର।

ସମୟର ପରିଚୟ ମନେରହେ ନାହିଁ।
ଦରିଆର ଶୀର୍ଷରେ କେଉଁଠି
ଥରେ ଥରେ
ଦପ୍ ଦପ୍ ତାରାଟିଏ ଫୁଟେ,
ଲକ୍ଷ ଲକ୍ଷ ତାରାରୁ
ସେ ଗୋଟିକ କାହିଁକି
ମତେ ହିଁ ଅନାଇ ରହେ
ନା ମୁଁ ତାକୁ
ଛାଏଁ ଛାଏଁ
ଆପଣାର ଭାବେ -
ଅନ୍ତରର ସକଳ ନିର୍ବାକ ପୂଜା
ତାହାଠିଁ ଅରପେ।

ସାତ ତାଳ ପାଣିଭେଦି
ଡାକ ଶୁଭେ

ଉଠ୍. ଆ',
ଆକାଶକୁ ଦେଖ୍ -
ମୋ ଭିତରେ ବିଜୁଳି ଚମକେ
ହାତ ପାପୁଲି ପରାୟେ
ତୁଚ୍ଛ ଶରୀରର
ଅଭ୍ୟନ୍ତର ଜାଗିଉଠେ
ଓଠ ମେଲିଯାଏ...

ଅନେକ ଦୂରରୁ
ଆକାଶରୁ ଖସୁଥାଏ
କ'ଣ ସେ କେଜାଣି
ଅପୂର୍ବ ସୁନ୍ଦର
ରସଘୋର
ବିନ୍ଦୁମାତ୍ର ସୃଜନକଳ୍ପନା ?
ଶୂନ୍ୟ ବି ଦୁଲୁକୁ ଥାଏ
ହସୁଥାଏ ଦ୍ୟୁଲୋକ ଭୂଲୋକ
କି ଲଳିତ ଓଁକାରରେ
ଦୋଳୁଥାଏ
ସମୁଦ୍ରଟା ଯାକ !
ନିକଟୁ ନିକଟତର
ଅଲୌକିକ ବର୍ଷା ଟୋପାଟିଏ
ଉନ୍ମୀଳିତ ଓଷ୍ଠାଧର ଉପରକୁ ମୋର
ଖସିପଡ଼େ...
ରୋମାଞ୍ଚର ହରିତ୍ ଅରଣ୍ୟ କୋଳେ
ମୋ ନବଯୌବନ
ସେ ମୁହୂର୍ତ୍ତେ ବିକଶି
ଅପର ମୁହୂର୍ତ୍ତରେ
ଅନ୍ତଃସତ୍ତ୍ୱା ହୁଏ ।

ଅନଧିକାର

ମୋର ହେମବର୍ଣ୍ଣୀ ଦେହ
ଆକାଶରୁ ଝରୁଥିବା
ରଙ୍ଗର ପ୍ରବାହ
ତୁମ ସ୍ନେହ
ସତ ଯଦି
କାହିଁକି ଯେ ଭୟ ?

ଅଧା ସ୍ନେହ
ଅଧା ଭୟ
ରୋମ ରୋମ ଶିହରିତ ମୋର
କି ନୂତନ ରହସ୍ୟର ଡ଼ୋର
ବାନ୍ଧିରଖି
ପୁଣି ଛିନ୍ନ କରିଦେଉଅଛି -

ଯଦି ଆମରି ଭିତରେ
ଆଉ କିଛି ନାହିଁ
ତୁମେ ଆଉ ମୁଁ
ଅନ୍ୟ କେହି ନାହିଁ
କିଛି ନାହିଁ
ତେବେ ମୁଁ କାହାକୁ
ଡରୁଥାଏ ଦିନରାତି
ଯେ ନଗ୍ନଭୟର
କୁହୁଡ଼ି ବା କେଉଁଠାରୁ ଝଡ଼ିପଡ଼େ
ମୋ ହୃଦୟ
କେଶ, ମୁଖ, କଟିଦେଶ
ଭିଜି ଭିଜି ଯାଏ ।

[୨]
ସେ ଭୟ ମୋ ସମ୍ମୁଖରେ ଆଙ୍କିଯାଏ
ତୁମେ ନଥିବାର
ସେଇ ମାରାତ୍ମକ ଦିନ
ଯେତେବେଳେ
ଚନ୍ଦ୍ର ସୂର୍ଯ୍ୟ ମେଘ ଓ ପବନ
ଚାଲିଥାନ୍ତି ନିଜ ବାଟେ
ମୁଁ ଘୁଷୁରୁ ଥାଏ
ଅସରନ୍ତି ଶୂନ୍ୟତା ସହିତ
ଆଖି ଯୋଡ଼ି ଦେଇଥାଏ
ବିଜୁଳି ଚମକ ଆଡ଼େ
ଇନ୍ଦ୍ରଧନୁ ଆଡ଼େ
ଅନାଏଁ ନା
ଶାଣିତ ପବନ ଆଡ଼େ
ହାତ ବଢ଼ାଏନା
ଆଶାର ବିନ୍ଦୁଏ ତେଜ
ମତେ ଡାକି ଦେଲେ
ମୁହଁକୁ ଲୁଚାଇ କହେ
ନାଁ –

[୩]
ମୁଁ ତୁମ କୋଳରେ ଥିଲାବେଳେ
ପ୍ରଗାଢ଼ ନଥିବାପଣ
ଗର୍ଜିଉଠେ –
ଚକ୍ରବାଳ ଧାରେ
କାହାର ଅସ୍ପଷ୍ଟ ହାତ
ଶୂନ୍ୟ ଉଲୁସାଇ
କହିଦିଏ
"ନାହିଁ" –
ହରାଇ ଦେବାର ଭୟ

ନା ହଜିଯିବାର
କେଉଁଠାରୁ ଛୁଟିଆସେ
କାଦୁଅ ଗଢ଼ା ଜଗତ ଅଭ୍ୟନ୍ତରୁ
ରକ୍ତମୟ ରାଗ
ଅହଂକାର
ତୃଷ୍ଣାର ଚିତ୍କାର ମୋର
ଫିଟିପଡ଼େ
ମୁଁ ତେବେ କି
ନଶ୍ୱରତା ଠାରେ
ସର୍ବମୟ ଅଧିକାର ଲୋଡ଼େ ?

[୪]
ତର୍କହୀନ
କାରଣହୀନ ଭୟକୁ
ମୁଁ କିପରି ସଂହରିବି
ଅସଫଳ ଇତିହାସର କ୍ରମକୁ
ଭାଙ୍ଗିଦେବି !
ଭୟରେ ନିଷ୍ପ୍ରାଣ ପ୍ରାୟ
ମୋ ଦେହରୁ ଚେତନାରୁ
ସବୁତକ ଆବେଗ ନିଗାଡ଼ି
ମୁଁ ତୁମକୁ ଭିଡ଼ିଧରେ
ଆହୁରି ନିବିଡ଼
ଦଂଶଭର
ଏକ ଆଲିଙ୍ଗନେ
ତୁମରି ଚନ୍ଦନତରୁ ଦେହକୁ
ସର୍ପିଣୀ ସମାନ
ଭିଡ଼ିଧରେ...
ଭିଡ଼ିଧରି
ଆପଣାର ଅବସ୍ଥିତି

ଭୁଲିଯିବି ଚାହେଁ
ଭୁଲିଯିବି
ନିଅଣ୍ଟିଆପଣ ଯେତେ
ଅଯୋଗ୍ୟତା,
ଅଥଚ ସେସବୁ
ବେଶି ବେଶି ମନେପଡ଼େ
ମୁଁ ତେବେ କି
ବାଲିର ରଙ୍ଗ
ବାଲିରେ ଗଢ଼ା ମୋ ବାହୁରେ
ନିରାଧାର ପ୍ରିୟତମ,
ତୁମକୁ ହିଁ
ଭିଡ଼ିଧରି ରଖିବାକୁ
ପ୍ରାଣପଣ କରେ ?

XXX

କାହା ସ୍ୱର କାହାଛାୟା
କିଏ ବା କାହାକୁ
ବିଦାୟ ଜଣାଏଁ
କିଏ କାହାଠୁ ଦୂରକୁ
ଚାଲିଯାଏ
ଜୀର୍ଣ୍ଣ ଦର୍ପଣର
ଧୂଆଁଳିଆ ପ୍ରତିବିମ୍ବ ପରି
କେବେ
କେବେ ଭଗ୍ନ ଉଆସର
ଖଣ୍ଡ ଖଣ୍ଡ ପ୍ରତିଧ୍ୱନି ପରି
ଶୁଭୁଥାଏ
ଦିଶୁଥାଏ...ଶୁଭୁଥାଏ

ଯେ କି ରହସ୍ୟର ଘେର !
ତୁମଠୁ ଅଲଗା

ମତେ ରଖାଇ ଦିଏନା
ଅଥଚ ତୁମର
ଠଣ ସୁନ୍ଦର-ଶରୀର-ଲଗ୍ନ
ହୋଇ ରହିଥିଲା ବେଳେ
ମତେ ଝିଙ୍କିନିଏ -
ବିବସନା ଦିଗନ୍ତରେ
ଝଲି ଉଠୁଥିବା
ସର୍ବୋତ୍ତମ ଆକାରହୀନତା ଆଡ଼େ
ଠାରିଦିଏ -
ମୁଁ ଅନାଏଁ ଅଭିଭୂତ
ତୁମେ ହୁଅ ମୃତ୍ତିକା ଆକାଶ
ତୁମେ ପୁଣି
ଜଳ ଓ ଅନଳ ହୁଅ
ରୂପ ଓ ସୁବାସ।
ଠିକ୍ ସେତେବେଳେ
ମୋ ରକ୍ତରେ ଜନ୍ମନିଏ
ଅନୁଭବଟିଏ
ତା'ର ଦେହ ନାହିଁ
ବିବଶତା ନାହିଁ
କିଛି ବୋଲି କିଛି ଦାବି ନାହିଁ
ସେ ଅନୁଭବରେ
ଅଭିଷିକ୍ତ ମୋ ଆବେଗ
ଦୂରତମ ତୁମ ସାନ୍ନିଧ୍ୟକୁ
ଚାପିଧରେ
ପୁଣି ଅନଶ୍ୱର
ତୁମ ଶୂନ୍ୟତାର
ଆରାଧନା କରେ।

■

ପଳାତକ

ତୁମେ ଫେରିବ ନାହିଁ।

ଅନାଇଁ ପାରିବ ନାହିଁ
ମୋର ଆଖିକୁ -
ତୁମ ଆଗମ ପଥରେ
ଯାହା
ଦୀପ ହେଇ ଜଳୁଥିଲା ଏକଦା।

ପୁରାଣ ଇତିହାସ ସମାଜ
ଚିହ୍ନିରଖିଚି
ପଳାତକର ରୀତିକୁ।

କହିଲ ନାହିଁ 'ବିଦାୟ'
ଆକାଶରେ
ନିଖୋଜ ତାରା ପରି
ନଈରେ
ନିଖୋଜ ତାରାର
ନିଖୋଜ ପ୍ରତିବିମ୍ବ ପରି
ଉଭେଇ ଗଲ।
ଚାହିଁଲ ହୁଏତ
ତୋରଣ ସଜା
ଫୁଲମାଳଟି ପରି
ମୋର ଆଶା
ବଞ୍ଚିବ ବଞ୍ଚିବ ହେଇ
ମଉଳି ଝଡ଼ିପଡୁ କ୍ରମଶଃ।

ଅଥଚ
ବଣନିଆଁର ମାଳପରି
ତୁମର ହୃଦୟ
ସବୁ ଚାଟୁବାଣୀ ଅନ୍ତରାଳେ
ତୁମ ବାଷ୍ପରୁଦ୍ଧ ସ୍ୱର
କେଡ଼େ ମଧୁମୟ !

XXX

ଝାଁ ଝାଁ ପବନ
ପିଟିଦେଇଯାଏ ଶୂନ୍ୟତାକୁ
ଅଟ୍ଟହାସ କାହାର
ଚିରିଦିଏ ହୃତ୍‌ପିଣ୍ଡ
ଥୋପ ଥୋପା ନିଃଶ୍ୱାସ ରକ୍ତ
ଜମାଟ ବାନ୍ଧେ
ଧାତବ ଆଖିପତାରେ ।

ତୁମେ କ'ଣ
ଆଖପାଖରେ ଲୁଚିଥିବା ଶିଶୁ
ଡାକିଲେ
ଉତ୍ତର ମିଳେନା ତୁମଠୁ ?
ନା ତୁମେ ଭିନ୍ନବିଧାତା
ଯିଏ
ସୃଷ୍ଟି ସହ ଫେଣ୍ଟିଥାଏ
ପ୍ରଳୟକୁ ?
ନା ସୃଜିଲା ବେଳର
ନିଘନ ଆକୁଳତା ତୁମର
ପାଣି ଫାଟି ସାରିଥାଏ
ସଂହାର କାଳକୁ ?
ନିଃଶବ୍ଦରେ ଭାଙ୍ଗିଯାଏ
ଗଛବୃଛ ପାହାଡ଼

ଆକାଶ ଅଜାଡ଼ିପଡ଼େ
ବସୁଧାରେ
ଏକୁଟିଆଟା
କିଏ ଜଣେ କେଜାଣି
ଖାସ୍ ଅଣ୍ଡାଳୁଥାଏ
ଛାଇଟାକୁ ଧରିବବୋଲି
ପହଁରୁଥାଏ କୁହୁଡ଼ିରେ।

ଅର୍ଜନ ବର୍ଜନର ସନ୍ଧିକ୍ଷଣରେ
ଲୋଭର ଅର୍ଗଳରେ ଅଥୟ
କିଏ କୋଉଠୁ ପଳାଏ ?
ଗୃହରୁ ନା ସ୍ମୃତିରୁ
ସତ୍ୟରୁ ନା ଗୁମ୍ଫାରୁ
ନିଷ୍କୃତି ମାଗେ
ପ୍ରେମରୁ ନା ଫାନ୍ଦରୁ ?
ତୁମେ ଯେ ପଳାଇଯାଅ
ନିଜଠାରୁ
ନିଷ୍କୃତି ଲୋଡ଼
ନିଜର ସୃଷ୍ଟିରୁ
ଇତିହାସରୁ।
ପଳାତକ,
ଯୋଉଠି ବି ଥାଅ
ଥାଅ ଯୁଦ୍ଧଭୂମିରେ
କି ସିଂହାସନରେ
କି ଅନ୍ୟ ନାରୀର
ଭୁଜବନ୍ଧରେ,
ତୁମ ବାଟସାରା ଖାଲି
ଛାଇ ଛାଇ ପୁଷ୍ପବୃଷ୍ଟି ହେଉ।

ଧବଳ ଅନ୍ଧାର

ପାହାଡ଼ର ନିଦ୍ରାଛାଇ
ବେଢ଼ିଗଲେ
ରାତିଅଧ ନୀଡ଼ଭିତରେ
ଡେଣାର ଉଷୁମ
ଆସ୍ତେ ଚହଲି ଭାଙ୍ଗିପଡ଼ିଲେ
କେହି ବୋଲି କେହି ନଥିଲେ
ଆଖପାଖରେ
କିଏ ଦିଶିଯାଏ ?

ଖଣ୍ଡ ଖଣ୍ଡ ଭାଙ୍ଗୁଥାଏ
ତା'ର ଅବୟବ, ମୁଖ
ମିଳେଇ ଯାଉଥାଏ ତା'ର ସ୍ୱର
ତା'ର ଥିଲାପଣ
ସତରେ ମୁଁ ଚିହ୍ନିପାରେନା ।
ବିବସ୍ତ୍ର ସରଳତା
ସେଇ କି ତୁ
ବଜ୍ରହେଇ ନିସ୍ତବ୍ଧତା ହେଇ
ଝରଣାର ଉଦ୍ଦାମତା ହେଇ
ଶୋଣିତର
ବେଗଦେଇ ଛନ୍ଦହେଇ
ଫେରିଆସୁ ମୋ ପାଖକୁ !
କିଏ କେଜାଣି
ହାତ ବଢ଼ାଏ, ଅଟକିଯାଏ
ବର୍ଷା ନାଁ କୁହୁଡ଼ିରେ
ତିନ୍ତିବୁଡ଼ି
ପୃଥିବୀକୁ
ନିଦରୁ ଉଠେଇ ଦିଏ

କହେ
କ'ଣ ସବୁ ତା' କାନରେ କହେ -

ଅଧୁଆ ନଳା ପରି
ଦୁର୍ଗନ୍ଧ ଉଠିଲାଣି ଦେହରୁ,
ଦୁର୍ଗନ୍ଧ ଉଠିଲାଣି
ନିସର୍ତ୍ତ ସମର୍ପଣରୁ
ପୁରୁଷକାରର ଶପଥରୁ
ଲୋକାଚାରରୁ
ମଣିଷପଣିଆଁର
ବାହାସ୍ଫୋଟରୁ
ଯେ ଦୁର୍ଗନ୍ଧ
ଆକ୍ରାନ୍ତ କରିଦବ ଏଥର
ପରିବେଶ ସମଗ୍ର
ମୋର ଇହକାଳ।

ତଥାପି
ଦୁଆର ମୁକୁଳା ରଖେ ମୁଁ
ପର୍ଦ୍ଦା ଆଡ଼େଇ ଧରେ
ରାତିକୁ
ମୁକୁଳାଇ ଦିଏ ତା'ର ପରିଚୟରୁ
ଆଖିକୁ ଛାଟିଦିଏ ଦୂରକୁ
ପ୍ରାୟ
ଅସମ୍ଭବ ଆଡ଼କୁ।

କାଳେ
କିଛି ଝଲସି ଉଠିବ ସାମ୍ନାରେ
ସବାଶେଷ ସ୍ୱପ୍ନର
ଧବଳ ଅନ୍ଧାରରେ।

■

ସତମିଛ ବୁଝିପାରେନା

ସତମିଛ ବୁଝିପାରେନା ।

ଅଧାସ୍ୱପ୍ନରୁ ଉଠିପଡ଼ି
ଅଣ୍ଡାଳି ବସେ ଅହଙ୍କାରକୁ
ଓଦାଲାଗେ
ରକ୍ତ ଲାଗେ ଆଙ୍ଗୁଠି ସାରା

ନାନା ମାରଣାସ୍ତ୍ରରେ ସଜ୍ଜିତ
ଅପରିଚିତ ଘଟଣାମାନଙ୍କ
ଆକ୍ରୋଶକୁ
ରୋକିଧରେ ବାଁ ହାତରେ

ମାଟିତଳର ଚେରପରି
ଛନ୍ଦି ହେଇପଡ଼େ ଆଲିଙ୍ଗନରେ
ଅଥଚ
'ମୋର' ବୋଲି କହିପାରେନା ମାଟିକୁ ।

କେତେ ପ୍ରଶ୍ନ
ସତମିଛର
ସଙ୍କଟର ଶିହରଣର
ଦେ' ଦେ' ଚିତ୍କାର କରେ
ମୁଁ ଯେ ରାଜକନ୍ୟା
ଉଜ୍ଜ୍ୱଳ କଲମର ତରବାରିରେ
ଚିରିପକାଏ ନୀରବତାକୁ
ପ୍ରସ୍ତ ପ୍ରସ୍ତ ଖୋଳ ଭିତରୁ
ଆକର୍ଷି ଆଣିବି ଭାବେ
ଉତ୍ତର

ପଦିଏ କଥାର
ଅସରନ୍ତି ଭଣ୍ଡାର
କୋଉଠି ଥାଏ ? କେତେ ଗଭୀର ?

ଲୁଗାରୁ ଝାଡ଼ିପକାଏ
ସବୁତକ ତାରାଫୁଲ
ବେଣୀମୂଳୁ
ଖୋଲିପକାଏ ନିର୍ଝର
ଶଙ୍ଖାକାଡ଼ି, ଶାଢ଼ି ଫିଟାଇ
ଫିଙ୍ଗିଦିଏ
ମୃଷାମାଟି ରଣଭଣକୁ
ସମୟକୁ
ଡାକି ଡାକି କହେ
ଯା', କାଟି ନେଇଯା
ସବୁତକ ଶସ୍ୟ
ମୋ ମୁହଁର ଉର୍ବରତାରୁ
ମୁଁ ଯେ
ଉତ୍ତର ଖୋଜେ ଏଇଲେ
ସାରାଦିନ ସାରାରାତି
ଶୂନ୍ୟର କୋଣକୋଣ ଧୁନ୍ଦାଳେ
ଛାୟାପଥକୁ ଝୁଙ୍କାଇ ଦିଏ
ହାତ ଭର୍ତ୍ତିକରେ
ବଉଦର ପକେଟ୍‌ରେ
ଡାକେ
ଆ, ଧରାଦେ -

କ'ଣ କହିବ ବୋଲି
ଡବଡବ ଆକାଶ
ବର୍ଷିଯାଏ ।

ଶୂନ୍ୟ ପ୍ରତିମା

ଝର୍କା ଉପରେ
ଉହୁଙ୍କି ଅନାଉଁଥିବା
ଗଛବୃଛକୁ ସେଦିନ
ଖେଞ୍ଚିଦେଲି
ଚୁପ୍, ଦେଖିବ କ'ଣ
କେତେ କଷ୍ଟରେ ରାତି ପୁହାଉଚି ମୁଁ
ଛାତିରେ ପଥର ଲଦି
ଅଣନିଃଶ୍ୱାସ
ତୁମେ ଭଲା
ତାଳପତ୍ରର ଜାଲ ସନ୍ଧିରେ
ବାନ୍ଧିରଖନ୍ତ କେରାଏ ପବନକୁ।

'କାହିଁକି ? କଷ୍ଟ କ'ଣ ତମର ?'
ଏଣିକି
ଫିଟାଇ ଦେବି ଉତ୍ତର।
କେଜାଣି କିଏ ଲେଖିଦେଇଚି
ଦୁଇଧାଡ଼ି
ଆଖିପତା ଉପରକୁ ମୋର
ଯେ ମୁଁ ହିଁ ଗଢ଼ିବି
ସଜୀବ ପ୍ରତିମାଟିଏ
ଶୂନ୍ୟ ଔରସରୁ ସୁରସ ନିଗାଡ଼ି
ଦେହ ଦେଇ ତ୍ୱକ୍‌ଦେଇ

ଶଙ୍ଖଙ୍କର ପ୍ରଗାଢ଼ ନିଦକୁ ଭାଙ୍ଗି
ଚଳତ୍ କରାଇ
ଲକ୍ଷେ ବିଡ଼ମ୍ବନା ଗୁନ୍ଥି
ମୁଁ ହିଁ ଲମ୍ବାଇ ଦେବି
ସୁବର୍ଣ୍ଣ ସୁଯୋଗ
ଚୋରାବାଲିରେ
ନିଜର ରକ୍ତ ଢାଳୁଥିବି -

ଛାତିରେ ଏଡ଼ିକି ବଡ଼ ଦର୍ପଣଟେ ଧରି
ଲକ୍ଷ ଲକ୍ଷ
ଭାବମୟ ବିମ୍ବକୁ ସାଇତି
ଏଡ଼େ ଲମ୍ବା ବାଟ ଚାଲୁଥିବି ।

■

ପ୍ରଗାଢ଼

ସଂପର୍କ
ନିହାତି ମଖମଲୀ ସାଜ ପିନ୍ଧିଥାଏ।
ଛତୁଫୁଟା କାଠଗଡ଼ର ଡିଙ୍କିଆଟେ
ଓହଳି ଥାଏ ବେକରେ
ଯନ୍ତା ଭିତରେ
ଲାଗିଥାଏ ମୂଷାର ଛଟପଟ।

ନୈବେଦ୍ୟ ଛିନ୍‌ଛତ୍ର ଗଡୁଥାଏ
ନିଃଶ୍ୱାସ ଭେଦିଯାଉଥାଏ ମାଟିରେ,
ହାତବଢ଼ାଇ ଘୁଷୁରିଲେ ବି
ପହଞ୍ଚିପାରେ ନାହିଁ ମୁଁ
ଦେବତାର ପାଦତଳେ।
ବୋଧହୁଏ
କୋଉଠି ପହଞ୍ଚି ହୁଏନାହିଁ କେବେ
କୌଣସି ସ୍ୱପ୍ନରେ।

ସାରାରାତି ଅଭିସାରର ଛୁରୀ
ଚିରିଦିଏ ନୀରବତାକୁ
ବିକଟାଳ ପୁରୁଷର ସମ୍ଭୋଗରେ
ପୋଡ଼ିଯାଏ ଶରୀର
ଆୟୁଷ ସହିତ ଲୁହ
ଟପ୍‌ଟପ୍ ଝଡୁଥିଲା ବେଳେ
ସୂର୍ଯ୍ୟାସ୍ତରୁ ସୂର୍ଯ୍ୟୋଦୟ ମୁଁ
ହାତଟେକି ଥାଏ
ସତମିଛର ସୀମାରେଖା ଉପରେ।

କ୍ୱଚିତ୍ କୋଉ ଦୂରରୁ
ଉଡ଼ିଆସନ୍ତି ସରସ ଶବ୍ଦ ଦଳେ
ଡେଣା ଜାକି ଖସିପଡ଼ନ୍ତି ଝୁପ୍‌ଝୁପ୍
ଓଠ, ଆଖି, କାନ, ଛାତି ଉପରକୁ
ଗୋଟାପଣ ଲାଲ୍‌ପଡ଼ିଯାଏ ମୁଁ।

XXX

ଆଞ୍ଜୁଳା ଆଞ୍ଜୁଳା
ସ୍ନେହ ଅଜାଡ଼େ ନିଆଁରେ
ଓଠ ଥରେନା, ମେଲେନା
ଭରା କଳସୀ ଭାଙ୍ଗିଯାଏ ବାଲିକୁଦରେ।
ପ୍ରତାରଣାର ଅନେକ ହାତ
ନାଲି, ନୀଳ, ଧବଳ, ବହୁବିଧ,
ସ୍ୱଚ୍ଛ ସରୋବରର ଭଉଁରୀପରି
ଅଧାଚିହ୍ନା ଆଖିଦୁଇଟି ଖୋଲି ରହିଚି
ସକାଳର କୋଉ କୋଣରେ ?

ଆୟୁଷରୁ ବାଲିକଣାଏ ଖସିଲେ
ଖସିପଡୁଚି ସମୁଦ୍ର
ପାହାଡ଼ ସେପଟୁ
ଥଣ୍ଡାହାୱା କୁଦିଆସୁଚି
ଜାକି ଧରୁଚି ମତେ
ପ୍ରଗାଢ଼।
ଧୂସର ବଉଦର ରୁଖା ଉପରେ
ଦୀପ ଜଳାଇ ରଖିଦେବି,
କହୁଚ, ଏତିକିବେଳେ ?

■

କାଲି ସକାଳେ

ପାଣି ଉପରେ ପାଣି
ମାଟି ଉଠୁଚି ଖଳଖଳ
ଆକାଶରେ
ନାଁ ଖରା ନାଁ ମେଘ ନାଁ ଝଡ଼
ସୂଚନା ନାହିଁ
କିଛି ବୋଲି କିଛିର।

ମୁଁ ଯଦି ଡଙ୍ଗା
ମୁଁ ବି ଯଦି ମଙ୍ଗୁଆଳ
ମୁଁ ଯଦି ସାଧନ ମାତ୍ର
ଲକ୍ଷ୍ୟର,
କାଲିକି
ଲିଭିଯିବ ଲକ୍ଷ୍ୟପଥ ଯଦି
ଆସନ୍ତା ସକାଳ
ମୋ ସ୍ୱପ୍ନଠୁ, କଳ୍ପନାଠୁ
ସାଧନାଠୁ
ଅଲଗା ହୋଇଯିବ ନିହାତି
ମୁଁ ତାକୁ
ଭେଟିବି କେମିତି ?

ସକାଳେ
ମୁଣ୍ଡ ଟେକିଥିବ କି ନଥିବ

ସୂର୍ଯ୍ୟ,
ସାରାରାତି
ପାଣିର ଚଟାଣରେ
ଥେଇ ଥେଇ ଉଲ୍ଲଙ୍ଗ
ନାଚୁଥିବା କାପୁରୁଷ
ଡଙ୍ଗାର ଛାଇରେ
ଲୁଚି ବସିଥିବ ଯଦି
ଯଦି ସ୍ୱପ୍ନର କଅଁଳ ଚେର
ଅଟକିଯିବ ବାଲିପନ୍ତାରେ
ଆଖିର ରଙ୍ଗିନ୍ ଶାମୁକାରୁ
ଟଳିପଡ଼ିଥିବ କଳ୍ପନା
କେଜାଣି କେତେ ପତଙ୍ଗ
ସିଆଣା ଗୁଣୁଗୁଣୁରେ
ଆକାଶ କମ୍ପାଇ
ହାଟସାରି
ଫେରୁଥିବେ କୁଞ୍ଜକୁ ।

ଉଈଖିଆ
ଆଶାଙ୍କ ସିନ୍ଦୁକରୁ
ଫିଟୁଥିବ ଅଣଚାଶ -
ବଣିକଙ୍କ ଆଙ୍ଗୁଠି ଫାଙ୍କରୁ ଖସି
ଧୂଳିରେ ଲୋଟୁଥିବ ମୋର
ଶବ୍ଦ ଖଚିତ ରତ୍ନହାର ।

ତାରାଟିଏ ଡେଇଁପଡ଼ି ପାଣିକି
ବତୁରି ମିଳେଇ ଯିବ
ଦିଗ୍‌ବଳୟ ତଳେ
ଘୂରୁଥିବ ଏକୁଟିଆ ପକ୍ଷୀଟେ
କୋଉ କୂଳରୁ କେଜାଣି

ଶୁଭୁଥିବ
ସବୁକିଛି ହଜେଇ ଦେଲାପରି ଡାକ
ମୋ ନାଆଁ ଯେ ଲିଭିସାରିଥିବ
କେବେଠୁଁ
ଆହୁଲା ପୋଛି ଓଲେଇ
ନେଇଥିବ କ୍ରମଶଃ
ପାଣିର ଚଟାଣରୁ।
ଅଥଚ ମୁଁ
ଠିଆ ହେଇଥିବି ଏମିତି
ଲହଡ଼ି ଉପରେ ଡଙ୍ଗା।
ମାର୍ବଲର ଡେଣାଖୋଲି
ଭାସୁଥିବ
ରାଜହଂସ ସତେକି !

କାଲି ସକାଳକୁ
ମୁଁ ଯେଉଁପରି ଭେଟେଁ
ରାଜରାଣୀକି
ଭିକାରୁଣୀ ବେଶରେ
ମତେ କିନ୍ତୁ ଦେଇଦେବାକୁ ହେବ
ଯାହା ଦେଇପାରିନି ତୁମକୁ,
କାଲିସକାଳେ।

ଯିବାକୁ ହେବ

ମଧୁରତମ ଅସଫଳତା
ମତେ ଡାକିଯାଇଚି କାଲି -

ମାଟି ଫଟେଇ ଉଠୁଚି
ଟାକୁଆରୁ କୁଆଁ
ଉତୁରି ପଡୁଚି
କ୍ଷଣ-ସୁନ୍ଦର ପ୍ରତିଶ୍ରୁତି
ସ୍ୱରରୁ ମୂର୍ତ୍ତିଟି
ଗଢ଼ି ହେଉଚି ତ
ସହସା ଭାଙ୍ଗିହେଉଚି ଖଣ୍ଡ ଖଣ୍ଡ
ଅଣୁ ଅଣୁ ସ୍ୱର
ପହଁରୁଚି ଉଡୁଚି ବୁଡୁଚି
ମୋର ନାଚୁଥିବା ରକ୍ତର ସୁଅରେ ।

ଅନ୍ୟମନସ୍କ ଯିବା
ଓ ଆକୁଳ ନଯିବାପଣକୁ
ହାସ୍ୟାସ୍ପଦ କରିଚି ମୁଁ
କେଜାଣି କେତେଥର
ମହୁ ଚାଖିଚି,
ରସସିକ୍ତ ହାତମୁଠାରୁ
ଫିଙ୍ଗିଦେଇ ପାରି ନାହିଁ ବାସ୍ନାକୁ
'ମାୟା' 'ମାୟା' ଚିତ୍କାରିଚି
ଆକାଶଟି କେବେ ତ
କେବେ ସମୟଠି ଆଉଜିପଡ଼ି
ସାରାରାତି ବିତାଇ ଦେଇଚି ।

ସେଇଥି ପାଇଁ

ହଁ ନା ଆପେକ୍ଷିକ
ଯିବା ନଯିବା ଏକାକଥା ମୋ ପାଇଁ
ମୁହୂର୍ତ୍ତକେ
ଚୌଦଭୁବନରେ ବିଛେଇ ପଡ଼ିଥିବା
ମୁଁ
ପର ମୁହୂର୍ତ୍ତରେ
ଠୁଳ ହୁଏ
ଗୋଟିଏ ମାତ୍ର ସ୍ପନ୍ଦନଠି ।

XXX

ଅଥଚ
ଡାକିଯିବା ପରେ ତା'ର
ଲିଭିଯାଉଚି
ମୁଁ କାଲିଯାଏ ଅତିକ୍ରମକରି
ଆସିଥିବା ବାଟ
ଲିଭିଯାଉଚି
ଶନି ଚନ୍ଦ୍ର ବିଷଯୋଗରେ ଛନ୍ଦା
ମୋର ଭାଗ୍ୟରେଖା
ଝଡ଼ିପଡୁଚି
ତଥାକଥିତ ସଫଳତାର ମୁକୁଟ ।

କ'ଣ ଜବାବ ଦେବି, ପଚାରୁଚ ?
ବେଳ ନାହିଁ ।
ହାଡ଼ର ମଳିନ ରୂପା ଅଳଙ୍କାରକୁ
ରଫୁକରା ରକ୍ତମାଂସର ପାଟଶାଢ଼ୀକୁ
ମାଜିବା ସାଜିବା ପାଇଁ ବି
ବେଳ ନାହିଁ ।
ମତେ ଯିବାକୁ ହେବ ଏଇଲେ ।

ପୂର୍ଣ୍ଣତା

ଚାଖଣ୍ଡେ ସମୟକୁ ପୂର୍ଣ୍ଣତା ଦେବି ବୋଲି
ସୂର୍ଯ୍ୟ, ଚନ୍ଦ୍ର, ଆକାଶ, ମାଟି
ଗଛଲଟା, ନଈ, ପବନକୁ
କାଟି ପକାଇଚି ନିଜ ମାପରେ -

ସ୍ୱପ୍ନର ଭ୍ରୂଣକୁ
ତା'ର ଶେଷସ୍ପନ୍ଦନ ଥମିଯିବା ଆଗରୁ
ଟେକି ଧରିବି ଆଙ୍ଗୁଠିରେ
ବାଡ଼ିପଟ ଓସ୍ତଗଛର ସବାଉଚ୍ଚ ଡାଳରେ
ପିନ୍‌ମାରି ଲଗେଇ ଦେଇଚି
ଦି' ଚାରିଟା ତାରାଙ୍କୁ
ଗୋଟିଏ ମାତ୍ର ଶବ୍ଦରେ ହଉପଛେ
କହିଦେଇଚି 'ବିଦାୟ'
ଦୂରେଇ ଆସିଚି ତୁମଠୁଁ।

ସୁଗୋଲ ପୂର୍ଣ୍ଣତାଟିକୁ ଅଣ୍ଟାଳୁ ଅଣ୍ଟାଳୁ
କୋଉଠୁ ଉଠାଇ ଆଣିଚି ସୁଆଦ ଖଣ୍ଡେ
ସନ୍ତାପର ଓଜନରେ
ନଇଁପଡ଼ିଥିବା ଡେଣାକୁ
ପାଲିସ୍ କରି ଠେଲି ଦେଇଚି
ଆକାଶ ଆକାଶ ଉଡ଼ାଣ ପାଇଁ

ସବୁ ମଣିଷଙ୍କୁ ଗୋଟିଏ ଛାଞ୍ଚରେ ବାନ୍ଧିଦେଇଚି
ମୋ ନିଜ ଛାଞ୍ଚରେ।

ଆଦୌ ଆକାର ନଥିବା ବର୍ଣ୍ଣମାଳାକୁ ନେଇ
ସଜେଇ ଦେଇଚି କବିତା
କେତେ ମୁହଁ ଫୁଲାଇଚି
ରୁଷିଚି ପୁଣି କାକର ପରି
ଜମିଯାଇଚି ମାଟିଉପରେ,
ତା'ର ଉର୍ବରତାକୁ ଉଖାରିଚି
ଶବ୍ଦ ଚେର ଧରିଲା କି ନାହିଁ ଖୋଜି ଲାଗିଚି।

ଝଡର କଲମ ଧରି
ସ୍ୱର୍ଗର ଆଖିପତାରେ
ରଖିଦେଇଚି ସ୍ୱାକ୍ଷର
କ'ଣ ଆଉ ପାଇଚି ନ ପାଇଚି
ହିସାବ ରଖିନାହିଁ କିଛି।

ମୁଁ କିଛି ଗୋଟାଏ ଚାହୁଁଚି ନିଶ୍ଚୟ
ନା, ସ୍ୱତନ୍ତ୍ର ଭାବେ
କିଛି ଭାବନାହିଁ
କଳ୍ପନା କରନା
ସୁଗୋଲ ପରିପୂର୍ଣ୍ଣତା
ଏଠି କୋଉଠି ନାହିଁ।

ମୁଁ କିଛି ଚାହିଁଚି ଯଦି
ପାଇଚି ଯଦି ଖଣ୍ଡ ଖଣ୍ଡ ସୁଆଦରେ
ନିସ୍ତବ୍ଧ କବିତାଂଶରେ
ସ୍ୱପ୍ନ ଭ୍ରୁଣର ସଜୀବତାରେ
ମୁଁ ହିଁ ତାକୁ ଭଲ ଲାଗିଚି।

■

ବିନା ସ୍ୱପ୍ନରେ

କୋଇଲିର ଶରୀର ଦିଶୁନି
ଅଥଚ ତା'ର ଡାକ
କେମିତି ପଶି ଆସିଲା କେଜାଣି
ଟ୍ରେନ୍‌ର 'ଛଛ ପଇସା' ଡାକର
କ୍ଳାନ୍ତିକୁ ଛିଣ୍ଡାଇ ଚିରି
ମୁଁ ଯେ ନିଜକୁ ଲୁଚାଇ ପକାଇଲି ।

ଲିଭେଇଦେଲି ଅସ୍ତିତ୍ୱକୁ
ବଉଦ ଉପରେ ଲେଖିଥିଲି ନାଆଁ ଯେ
ବଉଦ ତରଳି ବୋହିଗଲାଣି ନଈରେ -

ଝର୍କାରେ କିଏ ଆଙ୍କିଦେଇଚି
ଗଛ ପତ୍ର ପାହାଡ଼ କୋଠାଘର
ତୁମ ସ୍ମୃତି
ଠିଆ ହେଇଯାଇଚି ଆସି
ଠିକ୍ ତୁମପରି ଆବେଗ ଧରି
ତୁମେ ସ୍ମୃତି ନାଁ ବର୍ତ୍ତମାନ
ନାଁ ତ୍ରିକାଳର ଆଶ୍ୱାସନା
ବୁଝିପାରେନା ।
ପ୍ରଶ୍ନର ଆଙ୍ଗୁଠିରେ
ଅନ୍ଧାରର ଓଢ଼ଣା ଟେକିଧରେ ମୁଁ
ସମସ୍ତେ ନିଦରେ ଯେତେବେଳେ
କୋଉ ଅଜଣା ଦେଶର ପବନ
ମୋର ବାଟ ଓଗାଳେ
ବିଛଣା ସହ ସଂଘର୍ଷରତ
ଖୋଜିଲାଗିଥାଏ ମୁଁ

ପାଏ, ହଜାଏ, ପାଏ ଥରକୁ ଥର
ଧ୍ରୁବତାରାକୁ ଛୁଇଁପକାଏ ।

ଭୂ ମଝିରେ ଗାରଟିଏ ଭାଗ୍ୟମୋର
ତା'ର ଥଣ୍ଡା କଠିନ ଆକ୍ରୋଶରେ
ମତେ କୀଟଟିଏ କରିଦେଇଚି କାଳେ
ମନ୍ତ୍ର ଧୂଳି ଫୋପାଡ଼ି -
ସାଧାରଣ ସୂତାଖଣ୍ଡରେ
ବାନ୍ଧି ପକାଇଚି ମୋର ହାତଗୋଡ଼
ସତେକି ମୁଁ ଆଜି ନାହିଁ
କେବେ ନଥିଲି -

ଏଇ ଆସ୍ଫାଳନରେ
ମତେ ହସ ମାଡ଼େ ।
ମୋ ପାଦତଳେ ଯେ
ଘାସ ଅଛି, ପାଣି ଅଛି
ମୁଁ ନ ରହନ୍ତି କେମିତି ?
ମୋ ଶାଢ଼ୀକୁଞ୍ଚରେ ମହାନଦୀର ଢେଉ
ମୋ କଣ୍ଠିମାଳରେ ଗୋଟି ଗୋଟି ତାରା
ମୋ ଗୀତରେ ସ୍ନେହ ଅଛି, ଲୁହ ଅଛି
ମୁଁ ନ ଦିଶନ୍ତି କେମିତି ?

କେତେ ଡହଳ ବିକଳ ପଣ
ପ୍ରତିଷ୍ଠାର ଅନ୍ତରାଳରେ
ମତେ ହସମାଡ଼େ -
ମୁଁ ଏମିତି ଲୁଚି ଲିଭିଗଲା ପରେ ହିଁ
ଧ୍ରୁବତାରାକୁ ଛୁଇଁ ପକାଉଚି
ବିନା ନିଦ, ବିନା ସ୍ୱପ୍ନରେ ।

■

ତୁମକୁ ପାଇଯିବା ମାନେ...

ସେମାନେ କହୁଚନ୍ତି
ମୁଁ ପାଇଯାଇଚି
ସତକୁ ସତ
ମୁଁ ପାଇଯାଇଚି କି ତୁମକୁ ?

ତୁମକୁ ପାଇଯିବା ମାନେ
ଆରକୂଳକୁ ଯିବା
ଶରୀରକୁ
ଘୋଡ଼ାଇଦେବା ରହସ୍ୟରେ
ଆତ୍ମାରୁ ପୋଛି ପକାଇବା
ସବୁତକ କୁହୁଡ଼ି,
ମଲ୍ଲୀମାଳରେ ସଜାଇଦେବା
ଅନ୍ତଃସ୍ଥଳ ।

ସତକୁ ସତ
ମୁଁ ଡେଇଁଯାଇଚି ପାହାଚତକ
ଗୋଟି ଗୋଟି ଅବଲୀଳାରେ
ଆଗକୁ ନାଁ ଉପରକୁ
ଓହ୍ଲାଇଚି ବି ପାହାଚତକ
ପଛକୁ ନାଁ ତଳକୁ
ବୁଝିନାହିଁ
ବୁଝିବାକୁ ଚାହିଁ ନାହିଁ କାରଣ

କୌଣସି ସଂଶୟର,
ବିଶ୍ୱାସ ହିଁ ବିଶ୍ୱାସ
କେମିତି ଖାଁ ଖାଁ ଖସିପଡ଼ିଚି
ମୋର ଖରାବେଳ।

ତୁମକୁ ଟିକେ ଛୁଇଁବି ବୋଲି
କେତେ ଚଉମୁହାଣିରେ
ଗୋଡ଼ଭାଙ୍ଗି ଠିଆହେଇଚି
ସହିଚି ଛିଛିକାର
ଚୋଟ ସହିଚି
ଆତ୍ମା ଆଉ ଶରୀର
ଉଭୟ
ଦିକି ଦିକି ପୋଡ଼ିଗଲା ବେଳେ
ନିଜକୁ ବଞ୍ଚାଇ ରଖିଚି।

ସାରାଟା ଆକାଶକୁ
ଖେଦିଯାଇଚି ଏକା ଏକା
ବଉଦକୁ ଚିରିପକାଇଚି ନଖରେ
ତାରାକୁ ପଦକ କରି
ଝୁଲିପଡ଼ିଚି ନିଜେ
ଅର୍ଥର ଗଳାରେ।

ଅର୍ଥର ଗଳାରେ
ଝୁଲିପଡ଼ିବା ମାନେ
ସ୍ୱପ୍ନ ଦେଖିବା
ସ୍ୱପ୍ନକୁ ସତମଣିବା
ଅଧା ମୁକୁଳା ପାହାନ୍ତିରେ
ଆପଣାର
କୋହ ରୁନ୍ଧିଲା ଛାତିକୁ

ଆଉଁସି ଦେବା।
କ'ଣ ଦେଖି
କ'ଣ ପଢ଼ି କେଜାଣି
କ'ଣ କ'ଣ ସବୁ ଶୁଣି
ସେମାନେ ବୁଝିନେଇଚନ୍ତି ଯେ
ମୁଁ ପାଇଯାଇଚି ତୁମକୁ।

କେହି ଜାଣୁ ନ ଜାଣୁ
ମୁଁ ଜାଣେ ଯେ
ତୁମକୁ ପାଇଯିବା ମାନେ
ଗଦ୍‌ଗଦ ଶିହରଣ
ଶବ୍ଦ ଓ ଅର୍ଥକୁ ହଜାଇଦେବା
ରକ୍ତ ସରସର ହୃତ୍‌ପିଣ୍ଡକୁ
ଫିଙ୍ଗିଦେବା ରାସ୍ତାରେ
ତୁମକୁ ପାଇଯିବା ମାନେ
ପୂରା ନିଶ୍ଚୁପ
ପାଟି ପଡ଼ିଯିବା।

ଆରକୂଳରେ କିଏ ?

ଆରକୂଳରେ କିଏ ?
ବେଜାଏ ଅନ୍ଧାର ଲଦିହେଇ
ପବନ ଘୁଷୁରୁଛି
ଶ୍ୱାସ କଷ୍ଟ ଲାଗିରହିଚି ଏଠି ।

ଖଳ ଖଳ ସୁଅ
କେମିତି ମୋ ଛାତିର
ଗହୀରରେ ପିଟିହଉଚି
ହାଣୁଚି, କାଟୁଚି
ରକ୍ତ ଯେ ରକ୍ତ
ହାତଗୋଡ଼ ବୋହିଯାଉଛି ।

ମାଟିରେ ଛିଣ୍ଡିପଡ଼ିଚି
କବିର ସ୍ୱପ୍ନ
ଧୂଳି ଧୂସର ଭୟଙ୍କର ।
ଧୂଳିରେ ତଥାପି ଅଛି ତେଜ -
କହୁଚ ତ !
ଧୂଳି ଭିତରେ
ଖୁବ୍ ଛୋଟ ରେଣୁଟି
ଫୁଟିଚି ସଜୀବ ଝଲମଲ
ସେ ତେଜ ମୋର ବୋଲି କହୁଚ ?
ହେଇଥିବ ମୋର ।

ସେ ତେଜରେ
ପ୍ରାୟ ଦଶବର୍ଷ ତଳେ ମରିସାରିଥିବା
ମୋର ପ୍ରେମିକ
ହଠାତ୍ ଉଠିବସିବ ?
ସିଝା ଅଣ୍ଡାଫାଳ ପରି ତା'ର ଆଖିକୁ
ଚରିଥିବ ନାହିଁ ନ ଥିବା ସ୍ୱପ୍ନ -

ସେ ତେଜରେ
ଲାଲ୍ ପଡ଼ିଯିବେ ଗଛବୃଛ
ତରଳି ବୋହିଯିବେ ବାଟଘାଟ
ତିକ୍ତ ହସଟିଏ ଲମ୍ୱିଯିବ
ଆକାଶର ଏ କୋଣ ସେ କୋଣ ?
ସେ ତେଜରେ
ପାଣି ଫାଟି ଚହଲିଯିବ
ନିରୁତା ଟାଣ ପଣ ।

ମୁଁ ହାତବଢ଼ାଇ ଦେବି ।
ଆଉ କୂଳରେ କିଏ ?
କଞ୍ଚା ଓଦା ଅନ୍ଧାର
କିଛି ବାରିହଉନି ଯେ !

ବତୀଘର ମଝିରେ

ସ୍ମୃତିର ଶରୀର ଥିଲେ
ଏଇଲେ ତ ମୁଁ
ଠେଲି ଆଡ଼େଇ ଦିଅନ୍ତି ତାକୁ
ସାମ୍ନାରୁ ।

ସାମ୍ନାରେ ସେ ଠିଆହୁଏ
ବିଭୋର ଚାହାଣିର କ୍ଷୀରଧାର
ରସର ସହସ୍ର ଧାର
ଭସାଇ ବୁଡ଼ାଇ ଦିଏ
ମୋର ଅସ୍ତିତ୍ୱ ।

ଅତୀତ, ବର୍ତ୍ତମାନ, ଭବିଷ୍ୟତ
କାହାର କିଛି
ପରିଚୟ ନଥାଏ
କେବଳ ସ୍ରୋତ
କେତେ ବିସମ୍ବାଦ, ରକ୍ତପାତ
ହାହାକାର -
ଫୁଲବନର ଆନ୍ଦୋଳନ ଭିତରେ
ଉତ୍କଣ୍ଠାମୟ ସଂଘର୍ଷ
ଶୁଖିଲା ଚେରର
ହସ ହସ ହାନିଲାଭର ବିଚାର
କେତେ ନାଆଁ, କେତେ ଆଡ଼ମ୍ବର

ଚାଟୁର ସିଂହାସନ ଉପରେ
ମୋର ମହାରାଣୀ ପଣର
କାହାର କିଛି ବିଶେଷତ୍ୱ ନଥାଏ।

କେବଳ
ସେଇ ଚାହାଣିର
ବିରଳ ରସହ୍ରଦରେ
ମୂର୍ଚ୍ଛିତ ମୁଁ
ଚେତା ହାରିଦିଏ।

ସମୟ ପାଲଟି ଯାଏ
ପଥରର ଚଢ଼େଇଟେ
ଚେର ଥରିଉଠେ
ମାଟିତଳେ,
ପାହାଡ଼ ତଳର ଘାସଖିଏ ଉପରେ
ସକାଳ କାକର ପରି
ଢଳ ଢଳ ହୁଏ ପୃଥ୍ୱୀ -
ମୁଁ ବଞ୍ଚେ, ମରେ
ପୁନର୍ଜନ୍ମ ନିଏ
କେତେଥର କେଜାଣି -

କୋଉ ବର୍ଷା ଆଉ ଲୁହ ଆଉ
ଶବ୍ଦଙ୍କ ସୁଅରେ
ପହଁରୁ ଥାଏ, ପହଁରୁ ଥାଏ...।

ସ୍ୱାକ୍ଷର

ନିଦ ନାଁ ମରଣ
ନିସ୍ତଳର କୋଉ ସୋପାନ ଯେ
ନାଁ ଯେ ଗୋଟିଏ କ୍ଷଣରେ
ଯୁଗପତ୍
ଜୀବନ ଓ ମୃତ୍ୟୁ ଭୋଗାଭୋଗ ?

ଏକ୍ଷଣି ମୁଁ
ପାତାଳେ ସ୍ୱର୍ଗରେ
କ୍ଷଣ କ୍ଷଣ ବିଜୁଳିଗତିରେ
ଆଲୋକ ଲହର ପରି ଘୋଟିଯାଏ -
ପଦ୍ମନାଡ଼ର ମଞ୍ଚରେ
କମ୍ପନଟିଏ ମୁଁ
ଆକାଶରେ ବଜ୍ର ହୋଇ ଡାକେ
ଗୁହା ଅଭ୍ୟନ୍ତରେ
ଘେରିଥିବା ଅନ୍ଧକାର
ଶିଖରରେ
ଆଲୋକର ଉତ୍ସହେଇ ଫୁଟେ ।

କୋଉଠି ମୁଁ ପଚାରନା
କୋଉଠି ମୁଁ, ତା'ର ନିର୍ଦ୍ଦିଷ୍ଟତା
କିଛି ନାହିଁ -
ସୁଖ ଦୁଃଖ ଗୋଟିଏ ବିନ୍ଦୁରେ
ଦାନାବାନ୍ଧି ଗଲେ

ଦେହ ଶୂନ୍ୟ ହୋଇଗଲେ
ପବନ ବି ଶରୀର ପାଇଲେ
ଅସ୍ତବ୍ୟସ୍ତ ନଦୀ
ମୁହାଣରେ ତଟସ୍ଥ ରହିଲେ
କୌଣସି ଆଘାତ କେବେ
ସ୍ୱୀକୃତ ନହେଲେ
ତୁମେ ମୋତେ ପୂରାପୂରି ବାନ୍ଧିରଖି
ପୂରାପୂରି ମୁକୁଳାଇ ଦେଲେ
ନିର୍ଦ୍ଦିଷ୍ଟତା ହଜିଯାଏ,
ପରମ ମୂକତ୍ୱ ଘୋଟେ
ହଜିଯାଏ ଉଚ୍ଚାରଣ
ଚମ୍ପାଫୁଲ ଧୂଳିଲିପା
ତୁମର ଛାତିର ସ୍ୱର ବାଜେ ଏଠି
ରୋଗ ଯନ୍ତ୍ରଣା କ୍ଷତର
ଆବର୍ତ୍ତ ମଝିରେ
ଗୁଣୁଗୁଣୁ କବିତାର ଧାଡ଼ି
କଥାକହେ
ନୂଆ ନୂଆ ପବିତ୍ର ଅର୍ଥ
ମୋ ରକ୍ତକଣିକାରେ ଲେଖେ
ପୁଣି ତୁମ ଛାତି –
ସେ ଛାତିର ନୀଡ଼ରେ ମୁଁ
ଶୁଭ୍ର ଚଢ଼େଇଟେ
ଘୁମେଇଁ ପଡ଼ିଲେ
ତୁମେ ହୋଇ ଛାୟାପଥ
ଆକାଶର ଏପାରି ସେପାରି
ଯୋଡ଼ି ଦେଲେ
କାକରର ଆଖି ଯେ ମୁଁ
ଲାଖି ରହେ
ପାଖୁଡ଼ା ଦାଢ଼ରେ –

ମୁଁ ପୁଣି ବଦଳିଯାଏ
ଶୂନ୍ୟ ହୁଏ -
ଶୂନ୍ୟରୁ ଶରୀର ପାଏ
କାଳସର୍ପ ଦଂଶନାହତ ହେବା
ସେ ଶରୀରର ଧର୍ମ ନୁହେଁ
ସେ ଶରୀର
ନକ୍ଷତ୍ରର ଆଙ୍ଗୁଠି ଟିପ ଆକାର
ଆଭାପରି
ପୁଷ୍ପବୃଷ୍ଟି ପରି
ବିଞ୍ଚି ହେଇପଡ଼େ ବସୁଧାରେ ।

ରତ୍ନମୟ ମୋ ଗର୍ଭର
ଅନେକ ଇଚ୍ଛା, ସଂକଳ୍ପ
ଗୋଟିଏ ମାତ୍ର ତେଜରେ
ପରିଣତ ହୋଇ
ଜୀବନ ଲଭିଲେ
ନିଜେ ସେ ଜୀବନ ହୋଇ
ମୁଁ ପୁଣି ସେ ଜୀବନର
ଜନୟିତ୍ରୀ ହେଲେ,

ଆଞ୍ଜୁଳେ ମାଟି ପେଟରେ
କଟାଡ଼ାଳ ଖଣ୍ଡକରେ
ଗଜେଇ ଉଠିବା ଗୀତି,
ସରସ ଶରୀର ଅଭ୍ୟନ୍ତରେ
କଷି ରକ୍ତମାଂସ ଦୁକୁଦୁକି
ସବୁଠାରେ
ସକଳ ସଜୀବତାର ମାତୃତ୍ୱରେ
ମୁଁ ସ୍ୱାକ୍ଷର କରେ ।

ସିଂହାସନ

ସିଂହାସନ ଶୂନ୍ୟ ରହିଲା
ଅଟକିଗଲେ ସେମାନେ
ପାହାଚତଳେ ।

ବତ୍ରିଶ ସିଂହାସନର
ଅଦୃଶ୍ୟ ପୁତ୍ତଳିକା
ପ୍ରଶ୍ନ କରେନା ଏଠି -
ତା'ର ଲଳିତ ମୁଖ
ପର୍ବତ ଉରଜ
ସମ୍ଭୋଗ ଜାନୁଦେଶର
ସ୍ୱରର କୌତୂହଳର
କଳ୍ପନା ହିଁ ଅବାନ୍ତର -
ରାଜକୁମାର,
ତୁମେ ଯେ ଥମିଗଲ
ଯେଉଁ ସିଂହାସନର
ହୀରାଜଡ଼ିତ କାରିଗରୀ
ତୁମର -
ଆସ, ବିଜେକର ।

ହଁ, ସିଂହାସନରେ ନିଆଁ ଜଳୁଚି
ଲୋଭ ମିଛକୁ
ଜାଳିପୋଡ଼ିଦବାର ନିଆଁ

ଡରନା,
ଛଳନା କରନା
ମୁହୂର୍ତ୍ତେ ଧଳା ତ ମୁହୂର୍ତ୍ତେ
କଳା ପଡ଼ି ନଯାଉ
ତୁମ ମୁଖମଣ୍ଡଳ
ରାଜକୁମାର,
ସିଂହାସନ ବୀରର।

ଅଭିଷେକରେ, ପ୍ରେମରେ
ଅଧିକାର ନାହିଁ କାପୁରୁଷର।
ସତମିଛ ନ୍ୟାୟା-ନ୍ୟାୟର
ପ୍ରଶ୍ନ ପଚାର ନିଜକୁ,
ଜଳିଯିବା ଭିଜିଯିବା ଏକାକଥା
ଯେଉଁ ଦେହର
ତାକୁ ନିଜର କର।

ବତ୍ରିଶ ଥର ନୁହେଁ
ସହସ୍ର ଥର ହାତଦିଅ
ହୃତ୍‌ପିଣ୍ଡରେ
ଛୁଅଁ ତା'ର ଉଚ୍ଚାରଣକୁ
ବିଳାସକୁ ଉଲଗ୍ନ କରିଦିଅ
ରାଜଦାଣ୍ଡରେ
ହୃଦୟର, ବୁଦ୍ଧିର ହାତଧର
ଅହଂକାରର ପୋଷାକ
ଖୋଲିପକାଅ, ସୁ ପୁରୁଷ,
ବିଜେକର
ସିଂହାସନରେ।

■

ଭଲପାଇବା

ବୁନ୍ଦାଏ ଭଲପାଇବାକୁ
ଠାବଦବାକୁ ସେଦିନ
ପ୍ରସ୍ତୁତ ହେଲାନାହିଁ ଆକାଶ
ଦବିଗଲା ମାଟି
କଞ୍ଚାପତ୍ର
ଖସିପଡ଼ିଲେ ଗଛରୁ
ଭୟକାତର ଚଢ଼େଇଦଳେ
ଉଡ଼ିଗଲେ କୁଆଡ଼େ
ସମୁଦ୍ର ଅମଙ୍ଗ ହେଲା
ନାସ୍ତିକଲା -
ଗର୍ଜିଉଠିଲେ ଲକ୍ଷେ ଘାତକ
ଲକ୍ଷେ ଛୁରା -

ଆଉ ଆଜି
ଯୋଉଠି କାନୁସାରା
ଧାତବ ଚଢ଼େଇଙ୍କ କଥାଭାଷା
ପ୍ଲାଷ୍ଟିକ୍‌ର ଡାଳପତ୍ର ସବୁଜତା
ଯୋଉଠି ଖାଲି ପ୍ରୟୋଜନ, ନିର୍ଲଜ୍ଜ ଗରଜ
ସନ୍ତର୍ପଣ ଦବାନବା,
ସେଇଠି ହୁରିପଡ଼ିଚି
ଭଲପାଇବା, ଭଲପାଇବା ।

ଫିଙ୍ଗିହୁଏନା

କିଛି ଫିଙ୍ଗିଦେଇ ଯାଇ ହୁଏନା ।
ଏମିତିକି
ମୁକ୍ତା କାଢ଼ିସାରି
ଚିରା ଶାମୁକାଫାଳକୁ ବି ।

ହାତଧରି ବାଟ ଚାଲୁଥିବା
ରାଜକୁମାରୀକୁ
ଛାଡ଼ିଦେଇ ଯାଇ ହୁଏନା ଜଙ୍ଗଲରେ
ଅଧାବସ୍ତ୍ରରେ
ନହେଲେ
ପ୍ରାୟଶ୍ଚିତ୍ତ କରିବାକୁ ହୁଏ
ମୁହଁ ଲୁଚାଇ ଘୋଡ଼ାଶାଳରେ ।

କୌଣସି ସଂପର୍କକୁ
କାଟିଦେଇ ହୁଏନା,
ଶତ୍ରୁ ବି ମନେପଡୁଥାଏ
ଥରକୁ ଥର
ଥାଏ ବି ଗୋଟାଏ ଟାଣ
ଗୋଟେ ଆକର୍ଷଣ
ଶତ୍ରୁତାର ।
ଏମିତିକି
ଫଳଠାରୁ ଡେମ୍ଫକୁ ବି ଛିଣ୍ଡାର

ଫିଙ୍ଗିଦେଇ ହୁଏନା
ଯୋଉଠି ସେଠି,
ଫିଙ୍ଗିବାର, ଛାଡ଼ି ଯିବାର
ନିର୍ଦ୍ଦିଷ୍ଟ ଜାଗା ଥାଏ ଗୋଟାଏ -

ସେଇଥିପାଇଁ
ଆମ୍ବଟାକୁଆକୁ
ଫିଙ୍ଗି ଦିଆଯାଏ ଖତଗଦାରେ
ଯୋଉଠି ସେଠି ନୁହେଁ।

କିନ୍ତୁ ତୁମେ
ତୁମେ ଯେମିତି ମତେ
ଅଚାନକ ଧକ୍‌କାଟେ ଦେଇ
ଫିଙ୍ଗିଦେଲ କୋଳରୁ
ଖୋଲାଖୋଲି ରାସ୍ତାକଡ଼କୁ
ମଣିଷ ଫିଙ୍ଗିଦେଇ ପାରେନାହିଁ
ସେମିତି
ଆପଣାର ଶତ୍ରୁକୁ।

■

ଖୋଜୁଚ ମତେ ?

ଖୋଜୁଚ ମତେ
ଡାକୁଚ ମୋ ନାଆଁଧରି
ମୁଁ ଏଠି ନାହିଁ ବୋଲି
ସହସ୍ର ତୁଣ୍ଡରେ
ସାବିତ୍ ହେଇଗଲା ପରେ ବି ?

ସିଂହାସନରୁ
ପାରିଷଦଙ୍କ ତୋଷାମୋଦପ୍ରିୟ ତୁଣ୍ଡରୁ
ଲକ୍ଷ ଲକ୍ଷ ତୂରୀନାଦରୁ
ଜୟଘୋଷରୁ
ମୋ ନାଆଁ ଯେ
ଉଚ୍ଚାରିତ ହେଇନାହିଁ କେବେଠୁଁ
ବିସ୍ମରଣର ଅତଳରେ
ଚାପା ପଡ଼ିଚି କୋଉଠି

ଏ ଖବର
ପହଞ୍ଚି ନାହିଁ ତୁମଠି ?
ଲକ୍ଷ ଲକ୍ଷ ତୁଣ୍ଡରେ
ଏବେ ପଇଟୁ ନାହିଁ ମୋ ନାଆଁ
ବାଧ୍ୟବାଧକତାର ଆଙ୍ଗୁଠିରେ
କେବେ ଯଦି କେହି ଉଠାଇ ଧରେ
ମୋ ନାଆଁକୁ

ନସ୍କି ପଡ଼ି
ଖଣ୍ଡ ଖଣ୍ଡ ଭାଙ୍ଗିଯାଏ ଅକ୍ଷର ସବୁ
ତିନୋଟି ଅକ୍ଷର ପରେ
ବାଟବଣା ହେଇଯାଏ ଉଚ୍ଚାର
ମିଛ ମଣୁଚ ତ
ଯାହାକୁ ହେଲେ ବି ପଚାରିପାର।

ମୁଁ କିନ୍ତୁ ଲିଭିଯାଇନି
ଅଛି ନିହାତି ଏଇଠି
ଯେମିତି ଜନ୍ମରୁ, ଠିକ୍ ସେମିତି।

ବଡ଼ପାଟିରେ
ଜାହିର କରିପାରେନା ନିଜ ନାଆଁକୁ
ଭିଡ଼ ଭିତରେ
ପିଠିଆଡୁ ପେଲିଦେଇ ପାରେନା
ସବା ଆଗଧାଡ଼ିକୁ।

ସୁନା ରୂପାର ସିଂହାସନରେ
ଥାପିଦେବାକୁ ନାଆଁକୁ
ମାଡ଼ିପଡ଼େ।
"ମୋ ଗୀତଠୁଁ ଗୀତ ନାହିଁ"
କହିବାକୁ ଲେଉଟେ ନାହିଁ ଜିଭ
ଅଧା ମରି ଅଧା ଶୁଖି ଯାଇଥିବା
ଧାଡ଼ିସବୁ ଧ୍ୱନିସବୁ
ତାଙ୍କ କରୁଣ ରକ୍ତହୀନ ହାତକୁ
ବଢ଼େଇ ଦିଅନ୍ତେ ମୋ ଆଡ଼େ
ଠିକ୍ ରୁଗ୍ଣ ଶିଶୁପରି
କୋଳ ହେବାର ଭଙ୍ଗୀରେ –
ସେତିକିବେଳେ

ମୋ ସ୍ୱରର ସାମାନ୍ୟତା
ମୁଁ ବାରିପାରେ।
ୟା'ପରେ।
ଖୋଜିବାର ଗରଜ ଅଛି ତ
ଖୋଜ,
ଯୋଉଠି ସେଠି ନୁହଁ
ସ୍ନେହ ଲୁହରେ ଗୁଞ୍ଜରିତ
ମୋ ନିଜ ଧାଡ଼ିରେ।

■

ଚିତ୍ରକର

ମୁହଁ ସଂଜରେ
ମୁକୁଳା ନଈର ନିସ୍ତବ୍ଧ ପାରଦରେ
ମୁହଁ ଦେଖୁଚି କିଏ ?
ନୀଳହଂସ
ନା ମେଘଭର୍ତ୍ତି ଆକାଶ - ?

ଥାକ ଥାକ ଚିତ୍ରର
ଅଦୃଶ୍ୟ ଦୁନିଆଁରୁ
ଖୋଜି ପାଉନଥିଲା କବି
ଅସ୍ତବ୍ୟସ୍ତ
ବାଛୁଥିଲା, ଫିଙ୍ଗୁଥିଲା,
ତମ୍ବାଳିଆ ଦିଗ୍‌ବଳୟରୁ
ଆ' ଆ' ଡାକ କାହାର
ପିଟି ହେଇ ପବନ ପିଠିରେ
ଭାଙ୍ଗି ପଡୁଥିଲା ରଣଝଣ
ଟୁକୁରା ଟୁକୁରା ଚାରିଆଡ଼
ଚିତ୍ର କୋଉଠି ? ଚିତ୍ର ?

ଫୁଲନଖରା ଝିଲ ମଝିର
ନାଲି କଇଁ
ଓଠଚିପି ହସୁଥିଲା

କହୁଥିଲା - 'ନା -
ପାରିଲ ନାହିଁ।'

ଚିତ୍ରକର,
ତୋର ଅଜବ୍ ରଙ୍ଗତୂଳୀକୁ
ସ୍ଥବିରତା ଛୁଏଁନା ବୋଲି
ତୋର ନାହିଁ ନଥିବା ଦର୍ପଣରେ
ଏତେଟିକେ ଅଳନ୍ଧୁ ଲାଗେନା ବୋଲି
ମତେ ଚିହାଉଚୁ, ନାଁ ?

ପରିହାସର ଲୁହରେ
ବତୁରିଯିବ ଯଦି ନଈକୂଳ
କ୍ୱଚିତ୍ ଦୀର୍ଘଶ୍ୱାସରେ
ଫାଟିପଡ଼ିବ ଯଦି ଛାତି
ରଙ୍ଗରସ ଝଟକି ଉଠିବ ତ
ଚମକି ଉଠିବ ତୂଳୀ,
ତୋ ନିପଟ ଦର୍ପଣକୁ
ଟାଙ୍ଗିଦେଇ ଆକାଶ କାନ୍ଥରେ
କିଏ କହିବ
ମୁଁ ବସି ନଯିବି ବୋଲି
ବିଶାଳ କାନ୍‌ଭାସ୍‌ର ସାମ୍ନାସାମ୍ନି
ଠିକ୍ ତୋ ଜାଗାରେ ?

■

ସାଧାରଣ କଥା

ବାଣୀବିହାରଠୁଁ କଲେଜଛକ ଯାଏ
ଏ ସାରାଟା ଆକାଶ
ମୂକ ପାଲଟି ଯାଇଚି ନାଁ କଅଣ ?
ବସ୍ ଝର୍କାରେ ଝୁଙ୍କି ପଡ଼ି
ଡାକିଦେଇ ପାରନ୍ତା ନାହିଁ
ମୋ ନାଆଁ ଧରି -
ଠାରି ଦେଖାଇ ଦିଅନ୍ତା ନାହିଁ
ତା'ର
ଇନ୍ଦ୍ରଜାଲ ମହଲର
ଖୋଲା ଦୁଆର !

ତା'ପରେ
ମୋଠି
ଅଜବ ଡେଣା ଯୋଡ଼ାଏ ଗଜୁରିବା
ଓ ମୋର ବସ୍‌ରୁ ବାହାରି
ଉଡ଼ିପଳାଇ ଯିବା
ଏସବୁ ତ ସାଧାରଣ କଥା ।

ସେ କିନ୍ତୁ ମୂକପରି
ଟିଣଖଣ୍ଡେ ପରି,
ସତେ କି

ମୋ ସ୍ୱପ୍ନକୁ
ସେ ଚିହ୍ନେ ନାହିଁ କେବେ ବି -

ସବୁଦିନର ବିଷାଦ
ଏଡ଼େ ଅଚିହ୍ନା ମନେହେଉଚି ଯେ
ଲାଗୁଚି
ବିଷାଦ କେବେ ନଥିଲା
କି ଆଜି ବି ନାହିଁ
ମୋର ଯେ
କିଛି ସଂଯୋଗ ନାହିଁ କାହାଠି
ସଂଯୋଗ ନଥିଲେ
ତୁମର
ସ୍ନେହ କୋଉଠି, ଶୋକ କୋଉଠି ?

ବର୍ଷା
ତା'ର ଚୁପ୍‌ଚାପ୍ ସାମ୍ରାଜ୍ୟକୁ
ହାତଧରି ଟାଣି ନିଅନ୍ତା ନାଇଁ
ମତେ
ପଚାରନ୍ତା ନାହିଁ
କାହାକୁ ଅନାଇଁଛୁ କି -
ତା'ପରେ ତ ମୋର
ଫିଟି ପଡ଼ିବା ଫାଟିପଡ଼ିବା କଥା
ବର୍ଷାପରି, କୋହପରି
ପାଚିଲା କୋଳି ପେନ୍ଥାଏ ପରି -

ନୀଡ଼ ଫେରନ୍ତା ଚଢ଼େଇମାନେ
ମୋ କାନ୍ଧର ଝୁଡ଼ିରୁ
କୋଳିଟାଏ କି ପୋକଟାଏ
ଝାମ୍ପି ନିଅନ୍ତେ ନାଇଁ

ସେମାନେ କ'ଣ ସନ୍ଦେହ କରନ୍ତି
ଜାଣନ୍ତି ଯେ
ମନ୍ତ୍ରକରି ସେମାନଙ୍କୁ
ଆକାଶ ମାର୍ଗରେ ସ୍ଥିର କରିଦେବାର
ଯୋଜନା ମୋର
ସେଇ ଯୋଜନାର ଅନ୍ତରାଳେ
ମୋର ହସିବା କାନ୍ଦିବା
କେଜାଣି କେତେଥର !

ଧାଡ଼ି ଧାଡ଼ି ଚଢ଼େଇ କେବେ
କୁଆଖାଇର ପାଣିଧାର ପରି
ବିଛେଇ ମାଡ଼ି ଯାଇଥିଲେ
ମୋର ଅଟଣାରେ
ଆଉ ମୁଁ
ଗଛଚଢ଼ି ଝାଳ ଜୁଡୁବୁଡୁ
ତୋଳି ଆଣିଥିଲି
ଆଞ୍ଜୁଳାଏ ତାରାଙ୍କୁ
ତା'ପରେ ତ
ଝାଡ଼ବତୀ ପରି
ଖଞ୍ଜିବାରେ ଲାଗିଲି ସେସବୁଙ୍କୁ
ବାଟସାରା
ଯୋଉଠି ଯେତେ ଅନ୍ଧାର
ସେ ଅନ୍ଧାରର ରାଜତ୍ୱ
କୋଳାହଳକୁ
ଭ୍ରୂକ୍ଷେପ ନ କରି ।

ସାକ୍ଷୀ

ନାହିଁ ନଥିବା ବର୍ଷାରେ
ତଥାପି କୋଉଠି ଶୁଖି ଫାଟିଯାଏ ଭୂଇଁ
ଶୋଷରେ ଫୁଟି
ଫେରିଯାଏ ଅତିଥି
ପାଣିମୁନ୍ଦେ ନଥାଏ ।

ପବନଗଢ଼ା ସିଂହାସନରେ ବସି
ଶୂନ୍ୟଆଡ଼େ ଉଠିଯାଉଥିବା ରାଣୀର
କାଠ ମୁକୁଟରେ
ଜରିଖିଏ ବି ଦିଶେ ନାହିଁ କୋଉଠି
ଛାତିତଳେ ପଙ୍କ, ଅରମା, ଅନ୍ଧାର
ଜିଆ ଯୋକ ପଲ ପଲ
ଅଥଚ, ପାରିଜାତ ସୁଗନ୍ଧରେ
ଗମ୍ ଗମ୍ ଚାରିଆଡ଼ ।

ବଉଦର ପାହାଡ଼ ଭିତରୁ
ଖସିପଡ଼େ ସୂର୍ଯ୍ୟାଲୋକର ପ୍ରପାତ
ଶାଳବଣରେ
ଝଡ଼ାପତ୍ରର ପଲଙ୍କ ଉପରେ
ଶୋଇଥାଏ ତିଳତଣ୍ଡୁଳ ଛାଇ
ମାଟି ଫଟାଇ ଲମ୍ବିଆସେ

ଆକୁଳ ଡାକ କାହାର -
'ଯାଅନାହିଁ।'

ଦେଖିଚ ଏମିତି ଜାଗା
କେବେ ବି ସୂର୍ଯ୍ୟାଲୋକ ପଡ଼ିନାହିଁ
ଯୋଉଠି
କଦମ୍ବର ସ୍ୱପ୍ନ
କେବେ ଚମକି ଭାଙ୍ଗି ପଡ଼ିନି -
ଅଛି କୋଉଠି ଟାଖଣ୍ଡେ ଭୂଇଁ
ଏତେ ବାରିପାତ ସତ୍ତ୍ୱେ
ଯାହା କେବେ ବି ତିନ୍ତି ନାହିଁ?

ମୁଁ ସାକ୍ଷୀ ରହିଚି ଏଇଠି
ଏଇଠି ପଥର ପାଲଟି ଯାଇଛି ବି -

ଏତେ ସୋହାଗ
ଏତେ ସମର୍ପଣ ସତ୍ତ୍ୱେ
ବିଗଳି ନାହିଁ ଯୋଉ ହୃଦୟ
ଥରି ଉଠିନି ଯୋଉ ଓଠ
ତରଳି ନାହିଁ ଯୋଉ ଆଖି
ନାଚି ଉଠିନି ଯୋଉ ଶୋଣିତ-
ମୁଁ ଯେ ତା'ର ସାକ୍ଷୀ
ସାକ୍ଷୀ ନିଷ୍ଠୁରତାର
ମୋଠି ଖୋଳା
କେତେ କେଜାଣି ବଙ୍କାଢଙ୍କା ଅକ୍ଷର
ଅନୁଶୋଚନାର।

■

ସବୁକିଛିକୁ ଭଲପାଇ

ଡାକି ଆଣିଲ କାହିଁକି ?
କ'ଣ ଦେଖିନାଇଁ ଯେ ମୁଁ –

ହସତଳର ଅହଂକାର
କୃପଣର ନିଅ ନିଅ ଚିତ୍କାର
ପଙ୍କରଙ୍ଗର ଅନ୍ଧାର ଭିତରେ
ବୁଡ଼ିଥିବା ଗେଣ୍ଡାର
ଆତ୍ମବଡ଼ିମା,
ମୁକୁଟର ଝଲମଲ ତଳେ
ଗଳଦଘର୍ମ କେତେ ଆୟୋଜନ
ଆପଣାର ମିଛପଣ ଛଡ଼ା ଏସବୁ ଆଉ କ'ଣ ?

ଆଜିକାଲି ତ
ହୃତ୍‌ସ୍ପନ୍ଦନ ପାଖାପାଖି
ଅନୁଭବ କରେ ପଥର ଖଣ୍ଡେ
ଯାହା ଖୁବ୍ ସହଜରେ
କଷଟି ପଥର ବି ହୋଇପାରେ
ହୋଇପାରେ ବି ଅସ୍ତ୍ର
ହୋଇପାରେ ବି
ବିପୁଳ ସତେଜତା ମଝିରେ
ଖଣ୍ଡେ ନିଷ୍ଠୁର, ଅଚଳ ।

ଏଇଲେ କ୍ଷମାକରେ ତ
ଏଇଲେ କ୍ଷମାକରି ପାରେ ନାହିଁ
ନିଜକୁ,
ଏଇ ଲେଉଟାଣି ଖରାର
ନଈ ଦାଢ଼ରେ ଆସ୍ତେ ଲିଭିଯିବା,
ସାରା ରାତି ବାଦାମ ଗଛରୁ
ପତ୍ର ଝଡ଼ିବା,
ନକ୍ଷତ୍ରର ଅପ୍ରତୁଳ ବାସ୍ନା
ଚମକି ଯିବା ଆତ୍ମାରେ,
ଅନୁଶୋଚନାର ଖୋଲାପଞ୍ଝା ଆଗରେ
ଅଟକି ଯିବା ହୃତ୍‌ସ୍ପନ୍ଦନ,
ସବୁକିଛି ହଜେଇ ସାରିଥିବା
ଲୋକର ନିଃଶ୍ୱାସର ପ୍ରତିଧ୍ୱନି ଛଡ଼ା
ଏ ସବୁ ଆଉ କ'ଣ ?

କ'ଣ ପାଇଁ ଡାକି ଆଣିଲ ?
ନିଜକୁ କ୍ଷମାକରେଁ
କି ନ କରେଁ
ମତେ ତ ଫେରିଯିବାକୁ ହବ
ଏଇଲେ
ଏଇ ଖରା, ନଈ, ଝଡ଼ାପତ୍ର
ବାସ୍ନା ଅନୁଶୋଚନା, ନକ୍ଷତ୍ର
ଯେ ସବୁକିଛିକୁ ଭଲପାଇ
ମତେ ତ
ମରିଯିବାକୁ ହବ ଏଇଲେ ।

■

ଫେରିଯିବା ତା'ହେଲେ

ଫେରିଯିବା କହୁଚ,
ସେ ନଈକୂଳକୁ ?
ବହଳ କୁହୁଡ଼ି
ଢାଙ୍କିଥିବ ଏକୂଳ ସେକୂଳ
ପାଣି ଉପରେ କୁହୁଡ଼ି
ଲଟେଇଥିବ କଳମ ଲଟାପରି
ସବୁଥିବ ରହସ୍ୟରେ ଜୁଡୁବୁଡୁ
ଠିକ୍ ଆତ୍ମାପରି ।

କୁହୁଡ଼ି ଉପରକୁ ଡେର୍ଛିଆସି
ଦୋଦୋପାଞ୍ଚ ଖିଏ ସୂର୍ଯ୍ୟାଲୋକ
ମୁଁ,
ତୁମେ
ମୋ ଭିତରେ କମ୍ପୁଥିବା ଉଷ୍ଣତା
କେଉଁ ପ୍ରତ୍ୟୁଷରେ
କେଉଁ ମହାଦେଶରେ
ଆମେ ଅଟକିଯିବା ?

ନୂଆ ଫଗୁଣରେ ଧୂଳିଘର ତୋଳିବା
ଆମ୍ବ ବଉଳର
ମୁକୁଟ ତମର, ମୋର ଅଳଙ୍କାର

ଅର୍ଥର ଯଶର
ଝଲମଲ ଶବ ଉପରେ ପାଦଥୋଇବା
ପୃଥିବୀ ମୁହଁରେ
ସୂର୍ଯ୍ୟ ଯଦି ଟାଣିଦିଏ
ଗାର କେତୋଟି
କିଶୋରୀ ନକ୍ଷତ୍ରର ସବୁଜତାକୁ
ଆସ, ଛାଟି ଦେବା ଚାରିଆଡ଼ -
ପୃଥିବୀର ଅନ୍ଧାରି ସୁଡ଼ଙ୍ଗ ପଥରୁ
ମୁକୁଳାଇ ଦେବା ମଣିଷକୁ
ତା' ସ୍ୱପ୍ନର ସମାଧି ମୂଳେ
ଛୁଇଁଦବା କାଉଁରି କାଠି -

ଈଶ୍ୱରଙ୍କ ଇଚ୍ଛାର ଡେଣାରେ ଚଢ଼ି
ଅବିଶ୍ରାନ୍ତ ଘୂରୁଥିବା ନକ୍ଷତ୍ରଙ୍କୁ
ଉତ୍ତାଳ ଝରଣାର
ମୁଖର ଶେଯ ଉପରକୁ
ଡାକି ଆଣିବା,
ଲକ୍ଷେ ଚଢ଼େଇଙ୍କୁ ଆଧାର ଦବା,
ଫେରିଯିବା ତା'ହେଲେ

ମଝି ବିଲରେ
ଠିଆ ଠିଆ ମିଳେଇ
ଯାଉଥିବା କୁହୁଡ଼ିକୁ
ପିଠିକରି ଆଗେଇବା,
ପ୍ରାଣୀମାନେ
ଭାଗବାଣ୍ଟି ନେଉଥିବା ଦୁଃଖରୁ
ବଡ଼ ଭାଗଟି ଉଠାଇ ନେବା
ଭୋଗି ଚାଲିବା !

କବି ଡକ୍ଟର ପ୍ରତିଭା ଶତପଥୀଙ୍କ କୃତି ଓ କୃତିତ୍ୱ

ବି-୩/୨, ଚନ୍ଦ୍ରମା କମ୍ପ୍ଲେକ୍ସ, ଖାରବେଳ ନଗର, ୟୁନିଟ୍-୩, ଭୁବନେଶ୍ୱର-୧
ଜନ୍ମ: ୧୯୪୫, ନଭେମ୍ବର ୨୭ ତାରିଖ

କୃତି

କାବ୍ୟ କବିତା:

୧. ଅସ୍ତ ଜହ୍ନର ଏଲିଜି (୧୯୬୯)
୨. ଗ୍ରସ୍ତ ସମୟ (୧୯୭୪)
୩. ସାହାଡା ସୁନ୍ଦରୀ (୧୯୭୮)
୪. ନିୟତ ବସୁଧା (୧୯୮୦)
୫. ନିମିଷେ ଅକ୍ଷର (୧୯୮୫) - ଓଡ଼ିଶା ସାହିତ୍ୟ ଏକାଡେମୀ ପୁରସ୍କାର ପ୍ରାପ୍ତ ସଂକଳନ ୧୯୮୬।
୬. ମହାମେଘ (୧୯୮୮)
୭. ଶବରୀ (୧୯୯୧) - ଇମ୍ପା ଶିଳ୍ପଗୋଷ୍ଠୀ ପ୍ରଦତ୍ତ ଶାରଳା ପୁରସ୍କାର ପ୍ରାପ୍ତ, ୧୯୯୨
୮. ତନ୍ମୟ ଧୂଳି (୧୯୯୬) - କେନ୍ଦ୍ର ସାହିତ୍ୟ ଏକାଡେମୀ ପୁରସ୍କାର ପ୍ରାପ୍ତ, ୨୦୦୧
୯. ଅଧା ଅଧା ନକ୍ଷତ୍ର (୨୦୦୧) - କଟକର ଏନ୍.ଏନ୍.ଥିରୁମଲାମ୍ବା ଜାତୀୟ ପୁରସ୍କାର ପ୍ରାପ୍ତ, ୨୦୦୧
୧୦. କହି ନ ହେଲେ (୨୦୦୬)
୧୧. ତୁମ ପାଇଁ ଥରେ, ସବୁଥର... (୨୦୧୧)
୧୨. ଜବାକୁସୁମ ସଂକାଶଂ
୧୩. ଅଜରାମର

ନିବନ୍ଧ/ପ୍ରବନ୍ଧ/ରମ୍ୟଗଳ୍ପ/ଭ୍ରମଣକାହାଣୀ/ଜୀବନୀ/ଆତ୍ମ ଜୀବନୀ ସମାଲୋଚନା:

୧. କଳ୍ପନାର ଅଭିଷେକ (୧୯୮୦, ୧୯୯୮)
୨. ସ୍ପନ୍ଦନର ଭୂମି (୧୯୯୩)
୩. ପ୍ରତିଫଳନ (୧୯୯୩)
୪. ଉତ୍ତର ଆଧୁନିକ ଓଡ଼ିଆ କବିତା ଓ ଅନ୍ୟାନ୍ୟ ପ୍ରବନ୍ଧ (୧୯୯୯, ୨୦୦୬) (ଭାରତୀୟ ସମାଲୋଚନ ମଣ୍ଡଳୀ ପୁରସ୍କାର ପ୍ରାପ୍ତ)
୫. ଭାରତ ମାତାର ଲୁହ (୨୦୦୨)
୬. ବଣ୍ଟିଲ ଭୋଗପୁର... (୨୦୦୪)
୭. ସ୍ୱର୍ଗତା ସରଳାଦେବୀଙ୍କ ଜୀବନୀ (୨୦୦୮) ଏନ୍.ବି.ଟି. ଦ୍ୱାରା ପ୍ରକାଶିତ
୮. ଶୈଶବରୁ ସଂସାର (ଆତ୍ମକଥା) (୨୦୦୮)
୯. ନାରୀ ଅସ୍ତିତ୍ୱର ବାସ୍ତବତା : ବିବର୍ତ୍ତିତ ଓଡ଼ିଆ କବିତା (୨୦୦୯)

ଅନୁବାଦ:

ପ୍ରତିଭା କବିତା-ଉତ୍ସବ (ପ୍ରଥମ ଭାଗ) = ୪୯୪

୧. ଅରଣା ସ୍ୱପ୍ନର ରାତି (ନୋବାଲେ ପ୍ରାପ୍ତ ପର୍ଲବକ୍‌ଙ୍କ ଉପନ୍ୟାସ)
୨. କ୍ରୀତଦାସ (ନୋବେଲ ପ୍ରାପ୍ତ ଆଇଜାକ୍ ସିଂଗରଙ୍କ ଉପନ୍ୟାସ)
୩. ସାହସର ଶିଖା (ଚିଂଘିଜ୍ ଆଇତ୍‌ମାତଭଙ୍କ ଉପନ୍ୟାସ)
୪. ନଗର ମନ୍ଥନ (ଡୋଗ୍ରୀ ଉପନ୍ୟାସ, 'ସାରଥୀ'ଙ୍କର) କେନ୍ଦ୍ର ସାହିତ୍ୟ ଏକାଡେମୀ ଆନୁକୂଲ୍ୟରେ
୫. କହ୍ଲଣ ଚରିତ (କାଶ୍ମୀର ମନୋଗ୍ରାଫ୍) କେନ୍ଦ୍ର ସାହିତ୍ୟ ଏକାଡେମୀ ଆନୁକୂଲ୍ୟରେ
୬. ଭିନ୍ନଦେଶୀର ମୁହଁ (ଲାଟ୍‌ଭିଆନ କବିତାର ଅନୁବାଦ)
୭. ସୁବ୍ରମଣ୍ୟ ଭାରତୀ (ଏନ୍.ବି.ଟି. ଆନୁକୂଲ୍ୟରେ)

ସଂପାଦନା:

ରୁଚିପୂର୍ଣ୍ଣ, ଅଭିନବ କବିତା ପତ୍ରିକା 'ଉଦ୍‌ଭାସ'ର ୨୦୦୩ ଠାରୁ ନିୟମିତ ସଂପାଦନା

କୃତିତ୍ୱ

୧. ପ୍ରଜାତନ୍ତ୍ର ଯୁବ କବି ପୁରସ୍କାର (୧୯୬୨)

୨. ବିଷୁବ କବିତା ପୁରସ୍କାର (୧୯୮୧)
୩. ରାଜ୍ୟ ସାହିତ୍ୟ ଏକାଡେମୀ ପୁରସ୍କାର (୧୯୮୬)
୪. କେନ୍ଦ୍ର ସାହିତ୍ୟ ଏକାଡେମୀ ପୁରସ୍କାର (୨୦୦୧)
୫. କର୍ଣ୍ଣାଟକର ଏନ୍.ଏଚ୍. ଥିଲୁମଲାମ୍ମା ପୁରସ୍କାର (୨୦୦୧)(ରାଷ୍ଟ୍ରୀୟ)
୬. କ୍ରିଟିକ୍ ସର୍କଲ ଇଣ୍ଡିଆ ପୁରସ୍କାର (୧୯୯୬)
୭. S.B.I କବିତା ପୁରସ୍କାର
୮. SAIL କବିତା ପୁରସ୍କାର
୯. J.K.Paper କବିତା ପୁରସ୍କାର
୧୦. ଭୁବନେଶ୍ୱର ପୁସ୍ତକମେଳା ପୁରସ୍କାର
୧୧. କବି ସୁଭଦ୍ରା କୁମାରୀ ଚୌହାନ କବିତା ସମ୍ମାନ (୨୦୦୭) (ରାଷ୍ଟ୍ରୀୟ) (ଜାତୀୟ ହିନ୍ଦୀ ଏକାଡେମୀ, କଲିକତା ଓ H.R.D ବିଭାଗ ନୂଆଦିଲ୍ଲୀର ମିଳିତ ଆନୁକୂଲ୍ୟରେ)
୧୨. ଉତ୍କଳ ସୂର୍ଯ୍ୟ ସମ୍ମାନ - ଏ.ଆର.ଏଫ୍. ତରଫରୁ (୨୦୦୮)
୧୩. କବି ସଚ୍ଚି ରାଉତରାୟ କବିତା ସମ୍ମାନ ୨୦୦୮ - ଖୋର୍ଦ୍ଧା ଲୋକଉତ୍ସବ ତରଫରୁ
୧୪. ସାହିତ୍ୟ ପୃଥିବୀ ପୁରସ୍କାର ୨୦୧୧
୧୫. ସାହିତ୍ୟ ଭାରତୀ ପୁରସ୍କାର
୧୬. ନାଲ୍କୋ ପ୍ରତିଷ୍ଠା ଦିବସ ପୁରସ୍କାର
୧୭. ରାଷ୍ଟ୍ରୀୟ କବୀର ସମ୍ମାନ
୧୮. ଭୂମିପୁତ୍ର ବିଜୁ ପଟ୍ଟନାୟକ ଶାନ୍ତି ପୁରସ୍କାର, ନୂଆଦିଲ୍ଲୀ ବହୁ ସାରସ୍ୱତ ଅନୁଷ୍ଠାନ ତରଫରୁ ସଂବର୍ଦ୍ଧନା

ଇଂରାଜୀ ଓ ଭାରତୀୟ ଭାଷାରେ ପ୍ରକାଶିତ କବିତା ଗ୍ରନ୍ଥ:

୧. ସମୟ ନହିଁ ହୈ: ଚୁନୀହୁଇ କବିତାୟେଁ - ଅନୁବାଦ: ଶ୍ରୀନିବାସ ଉଦଗାତା ୧୯୯୪ ରାଧାକୃଷ୍ଣ ପ୍ରକାଶନ, ନୂଆଦିଲ୍ଲୀ
୨. ଶବରୀ, ଅନୁବାଦ: ଶ୍ରୀନିବାସ ଉଦଗାତା, ୧୯୯୬, ବାଣୀ ପ୍ରକାଶନ, ନୂଆଦିଲ୍ଲୀ
୩. ଅଧା ଅଧା ନକ୍ଷତ୍ର - ଅନୁବାଦ: ଡଃ. ରାଜେନ୍ଦ୍ର ପ୍ରସାଦ ମିଶ୍ର, ୨୦୦୨, ମେଧାବୁକ୍ସ, ନୂଆଦିଲ୍ଲୀ

୪. ତନ୍ମୟ ଧୂଳି - ଅନୁବାଦ: ଡଃ ରାଜେନ୍ଦ୍ର ପ୍ରସାଦ ମିଶ୍ର, ୨୦୦୪, କେନ୍ଦ୍ର ସାହିତ୍ୟ ଏକାଡେମୀ, ନୂଆଦିଲ୍ଲୀ ପ୍ରକାଶନ
5. A Time of Rising: Translation: Jayanta Mohapatra, Publisher: Har-Ananda Publication, New Delhi.
6. Enchanted Dust: Translation: R.P.Samal, Central Sahitya Academy, New Delhi.
7. If Left Unsaid and other Poems-2010, Grass roots Publication, Bhubaneswar, Translation: Mrs. C. N. Swamy, Rtd. I.A.S.
8. Dhoor Kamni (Punjab): Translation:Dr. Banita, Central Sahitya Academy, NewDelhi.
9. Magan Dhuli (Rajsthani): Translation: Sri Atul Kumar Sharma, Central Sahitya Academy, New Delhi.
10. Tanmaya Dhulee (Telugu): Translation: Prof. N. Gopi, Central Sahitya Academy, New Delhi.
11. Vasikk arikkum Dhoosi (Tamil): Tr, by Mrs. Madhumita, Central Sahitya Academy, New Delhi.
12. Masmara Dhuli (Malayalam): 2012 - Translation: Attor Ravi Verma, Publication Sahitya Akademi, Chennai.

ସାନ୍ତାଳୀ, ବଙ୍ଗଳା, ମରାଠୀ, ଗୁଜୁରାଟୀ, କୋଂକଣୀ ପ୍ରମୁଖ ୧୪ଗୋଟି ଆଞ୍ଚଳିକ ଭାଷାରେ କେନ୍ଦ୍ର ସାହିତ୍ୟ ଏକାଡେମୀ ତରଫରୁ ଅନୂଦିତ ହୋଇ 'ତନ୍ମୟ ଧୂଳି' ପ୍ରକାଶିତ ହୋଇଛି ।

ବିଶେଷ ପରିଚିତି

ପ୍ରଫେସର ଡକ୍ଟର ପ୍ରତିଭା ଶତପଥୀ

ୟୁ.ଜି.ସି ତଥା ଜାତୀୟ/ ଆନ୍ତର୍ଜାତୀୟ ସାହିତ୍ୟାନୁଷ୍ଠାନ ମାନଙ୍କରେ ସଦସ୍ୟତା ଓ ବିଚାରକମଣ୍ଡଳୀରେ ସଭ୍ୟା

୧. ୟୁ.ଜି.ସି. ବିଚାରମଣ୍ଡଳୀ ସଦସ୍ୟା - ପ୍ରଫେସର ଏମିରଟ୍ସ ଆୱାର୍ଡ
୨. ୟ.ଜି.ସି. ପୂର୍ବାଞ୍ଚଳ ରୌପ୍ୟ ଜୟନ୍ତୀ ସମାରୋହର କାର୍ଯ୍ୟକାରୀ ସମିତି ସଦସ୍ୟା
୩. ୟୁ.ଜି.ସି. ସଦସ୍ୟା
୪. ସଦସ୍ୟା ଓଡ଼ିଶା ସାହିତ୍ୟ ଏକାଡେମୀ ସାଧାରଣ ପରିଷଦ
୫. ସଦସ୍ୟା ଉତ୍କଳ ସାହିତ୍ୟ ସମାଜ, କଟକ

୬. ସଦସ୍ୟା ଲେଖକ ସମବାୟ ସଂସ୍ଥା, ଭୁବନେଶ୍ୱର
୭. ସଦସ୍ୟା ଲେଖିକା ସଂସଦ
୮. ସଦସ୍ୟା ସହୃଦୟ ସଭା, ନୂଆଦିଲ୍ଲୀ
୯. ସଦସ୍ୟା ଜାତୀୟ ପୁରସ୍କାର ନ୍ୟାସର ଭାଷା ପରାମର୍ଶଦାତା ସମିତି
୧୦. ବିଚାରକ ମଣ୍ଡଳୀ ସଦସ୍ୟା – ଓଡ଼ିଶା ସାହିତ୍ୟ ଏକାଡେମୀ ପୁରସ୍କାର
୧୧. ବିଚାରକ ମଣ୍ଡଳୀ ସଦସ୍ୟା – କେନ୍ଦ୍ର ସାହିତ୍ୟ ଏକାଡେମୀ ପୁରସ୍କାର
୧୨. ବିଚାରକ ମଣ୍ଡଳୀ ସଦସ୍ୟ – ବିଷୁବ ପୁରସ୍କାର
୧୩. ବିଚାର ମଣ୍ଡଳୀ ସଦସ୍ୟା – କବି ଗଙ୍ଗାଧର ମେହେର ଜାତୀୟ କବିତା ପୁରସ୍କାର
୧୪. ବିଚାରକ ମଣ୍ଡଳୀ ସଦସ୍ୟା – ଇମ୍ପା ଶିଳ୍ପଗୋଷ୍ଠୀ ପ୍ରଦତ୍ତ ଶାରଳା ପୁରସ୍କାର
୧୫. ଆମେରିକାର ନ୍ୟୁଜର୍ସି ଠାରେ ଅନୁଷ୍ଠିତ ଓ.ସା. ବାର୍ଷିକ ସମ୍ମିଳନୀରେ କବିତା ସଂପାନରେ କି.ନୋଟ୍ (ମୂଳ) ବକ୍ତବ୍ୟ ପ୍ରଦାନ।
୧୬. ମରିସସ୍ ଠାରେ ହିନ୍ଦୀଭାଷା କେନ୍ଦ୍ର ଓ ଭାରତୀୟ ଭାଷା ୟୁନିଭର୍ସିଟି ଠାରେ କବିତା ଉତ୍ସବରେ ଅଧ୍ୟକ୍ଷତା ଓ କବିତାପାଠ।
୧୬. ରାଜ୍ୟ ଓ ଜାତୀୟ ସ୍ତରରେ ଅନେକ କଚିତା ଉତ୍ସବ ଓ ଅଧିବେଶନମାନଙ୍କରେ ଅଧ୍ୟକ୍ଷତା ଓ କବିତା ପାଠ।

BLACK EAGLE BOOKS

www.blackeaglebooks.org
info@blackeaglebooks.org

Black Eagle Books, an independent publisher, was founded as a nonprofit organization in April, 2019. It is our mission to connect and engage the Indian diaspora and the world at large with the best of works of world literature published on a collaborative platform, with special emphasis on foregrounding Contemporary Classics and New Writing.

www.ingramcontent.com/pod-product-compliance
Lightning Source LLC
Chambersburg PA
CBHW060616080526
44585CB00013B/848
* 9 7 8 1 6 4 5 6 0 5 1 0 2 *